개장 전, 아직 켜지지 않은 모니터 앞에서

개장 전,
아직
켜지지 않은
모니터
앞에서

자신이 되고자 했던 시간의 기록

| 강민우(돈깡) 지음 |

이레미디어

고단하지만 가치 있는 일

지난 12년간, 20대를 포함하여 저의 전부를 오로지 주식 투자에만 쏟아부었습니다.

'그런' 돈깡이 쓴 책이니 틀림이 없는 기술적 지표를 소개하거나, 혹은 단기간에 많은 돈을 버는 방법을 알려 주는 내용이라고 기대할 수도 있습니다. 아마 그 기대에는 미치지 못할 것입니다.

그보다 '투자란 무엇인가?', '어떤 자세와 태도를 가져야 실력 있는 투자자가 될 수 있을까?'에 집중했습니다. 책을 집필하는 동안 많은 분이 저의 의도에 반대 의견을 전하기도 하셨습니다. '책이 많이 팔리려면 단시간에 돈 버는 법을 알려 주어야 한다.'라고 말입니다. 하지만 저는 주식으로 빨리 돈 버는 방법은 없다고 생각합니다.

주식시장에서 투자자로 살아남기 위해 그 누구보다 열심히 노력하면서 깨달은 것이 하나 있습니다.

'어떤 도전을 시작한 뒤에 절대 포기하지 않고 끊임없이 지속한다면, 결국 가치를 인정받는다!'

이 신념을 제 인생에 투영하고, 그것이 옳다는 사실을 증명하는 데 12년이 걸렸습니다. 그래서인지 저는 여러분에게 '투자 참 쉽죠.', '이렇게 하면 돈을 빨리 벌 수 있습니다.'라고 말하고 싶지 않습니다. 오히려 이렇게 말하고 싶습니다.

'투자는 참 고단한 일입니다. 그렇지만 고단한 일임을 인정하고 지속해 나가야 합니다.'

내 인생에서 가장 중요한 신념

이것은 비단 투자뿐 아니라 제 인생에 있어 가장 중요한 신념이자 믿음이며, 가장 중요한 가치입니다. 제가 믿는 가치가 독자 여러분들 삶에도 투영되고, 어두운 터널을 지나고 계신 분께는 '한줄기 희망의 빛'이 되기를 기대합니다. 투자를 하면서 힘들고 괴로울 때 이 책으로 마음의 안식을 찾았으면 합니다.

진정성 있는 내용을 전달하기 위해 누구보다 많이 고민했습니다. 그 고민을 통해 만들어진 생각의 결정체를 담기 위해 애썼습니다. 저의 경험을 통해 주식투자로 생기는 고통의 크기를 줄이고, 늦어지는 성공의 시간을 조금이나마 앞당겼으면 합니다. 먼저 걸어갔던 사람의 이야기를 듣고 실천한다면 분명 조금은 더 쉽게 헤쳐 나갈 수 있을 것입니다.

처음에는 '유튜브'라는 뉴미디어 채널을 통해 또래 친구들과 소통하려고 했습니다. 저 또한 예외 없이 마주 해야 했던, 그 고난과 역경을 조금이라도 덜어내는 데 도움이 되는 것이 큰 의미가 있다고 생각했기 때문입니다. 어쩌다 보니 책까지 낼 수 있는 영광을 얻게 된 것에 무거운 책임감을 느끼고 있습니다.

어렵고 힘들던 시절, 나를 키워주었던 어머니, 누나들, 사촌을 포함한 우리 가족들에게 다시 한 번 진심으로 감사의 말씀을 드리며 제 인생에 많은 영감을 주신 안성민 과장님, 이윤기 투자자님에게도 감사드립니다. 그리고 제가 가진 신념에 동의하여 기존의

지루하고 딱딱했던 금융시장을 새롭게 정의하자는 비전을 가지고 묵묵히 일해주고 있는 우리 팀원들 홍석준, 조용재, 김태현, 임규휘, 이숙경, 문건호, 조용진에게도 고맙다는 말을 꼭 전하고 싶습니다.

여의도에서,

돈깡

개장 전, 아직 켜지지 않은 모니터 앞에서

당신은 왜 '주식'이라는 것을 선택하려고 하는가?

PART 2

주식투자는 머니게임이 아니다
생각과 맷집의 게임이다

불로소득이 아닌, 극한의 근로소득을 위해

PART 3

우린 챔피언이 될 것이다
끝까지 살아남을 테니까

스마트한 20~30대가 선택할 수 있는 또 하나의 세상

PART 4

트레이더, 정보를 판단하고
가치를 평가하는 전략가의 삶

오래가는 전업 트레이더를 위한 철의 법칙들

PART 1

개장 전, 아직 켜지지 않은 모니터 앞에서

당신은 왜 '주식'이라는 것을 선택하려고 하는가?

주식은 콜드워 Cold War 다.

아무리 내가 뜨겁게 돈을 벌고 싶어도

주가는 한치의 미련도 남기지 않고 하락하고,

아무런 감정도 없이 상한가로 내달리기도 한다.

주가는 투자자의 상황과 감정은 전혀 배려하지 않는 몬스터들이다.

감정에 흔들리고 총알에 한계를 지닌 개미들이 무너지는 이유는 바로 여기에 있다.

하지만 모든 몬스터들은 약점을 가지고 있는 법.

우리는 사고력, 추리력, 그리고 상상력으로 그들을 잡을 수 있다.

내가 접한 뉴스와 리포트로 정보의 가치를 판단하고,

앞으로 진행될 시나리오를 짜고, 시황을 반영해 추리를 해 나간다.

마침내 상승 그래프가 서서히 스트라이크존에 가까워질 때,

조금씩 포획하듯 분할매도를 진행하다가, 결국 마지막 청산 버튼을 누른다.

수익은 실현되었고, 나의 상상은 현실이 된다.

주식은 감(感)의 영역이 아닌

수십 가지의 변수를 뚫어내는 과학적 예측의 영역.

아직은 때가 되지 않았다.

몬스터를 잡기 위해서는 당신이 준비해야 할 것들이 아직 남았다.

답 없는 20살 재수생,
인생의 막다른 절벽에서

어머니는 홀로 식당에서 일하시며 삼 남매를 키우셔야 했다. 그 당시 한 달 월급은 고작해야 150만 원. 아무리 사회 경험이 없었어도 그 정도로는 생활이 안 된다는 것쯤은 뻔히 알고 있었다. 누나들은 혼수비용이 없어 결혼할 엄두를 내지 못했다. 그때 나는 대학입시에 실패한 후 재수를 시작하기는 했지만, 돈이 없어서 학원도 못 갈 지경이었다. 어머니는 내가 외출할 때마다 친구들에게 얻어먹지만 말라며 용돈으로 몇만 원이라도 주머니에 넣어주셨지만, 그마저도 불편하고 죄스러웠다. 빨리 돈을 벌고 싶었고, 정 안되면 공장에라도 나가는 것이 낫겠다 싶었다. 미지근한 두통처럼

끈질기게 나를 괴롭혔던 그 가난의 시절에서, 어쩌면 나는 폭발할
순간을 찾고 있었는지도 모르겠다.

설거지 알바를 하면서
내가 깨달은 것들

패밀리 레스토랑에서 설거지 알바를
하던 시절, 하필이면 주방의 규정상 꼭 신어야 하는 장화가 그날따
라 정말 신기 싫었다. 남의 장화에 내 발을 담는 찜찜함도 싫었고,
'설거지 하는 알바가 설거지만 잘하면 되지 않냐?'라는 고집도 있
었다. 몇 번에 걸친 팀장의 경고에도 나는 끝내 장화를 신지 않았
다. 그랬더니 팀장이 마지막 말을 남겼다.

"너, 내가 다시 주방에 들어올 때까지 장화 신어. 안 그러면 가
만 안 둔다."

나는 흔들리지 않았다. 까짓것. 장화 따위가 뭐 대수라고.

10분 정도 흘렀을까? 다시 들어온 팀장은 여전히 장화를 신지
않은 나를 보며 오히려 차분히 말했다.

"야, 너 집에 가."

그 말을 듣는 순간, 손에 잡히는 그릇을 모조리 주방 바닥으로
내팽개치고 말았다. 감정 빼고 심플하게 내 일자리를 날려버리니

더 빠짝 약이 올랐다. 태어나서 누군가에게 그렇게 거칠게 욕을 하며 대들었던 일은 그때가 처음이자 마지막이었다.

어쩌면 장화를 신고 벗는 것이 중요한 게 아니었는지도 모른다. 화가 났던 것은 나를 옥죄는 가난함, 늘 의기소침하고 힘든 어머니를 보면서 느끼는 불편함, 미래라곤 찾아볼 수 없는 그 찌든 스무 살의 인생이었을 것이다. 사실은 그 팀장의 말이 맞다. 나는 알바니까, 윗사람이 시키면 시키는 대로 하면 될 일이었다. 정말 장화 따위가 뭐 그리 대수였을까.

그렇게 싸우고 나왔으니 알바비도 제대로 주지 않을 것 같았고, 못 받아도 상관없다고 생각했다. 그런데 며칠 후 입금이 됐다. 싸우기 직전까지의 시간까지 모조리 합쳐 정확하게 입금이 되었다. 돈을 받은 기쁨보다 돈 벌기의 고단함에 또 한 번 한숨이 쉬어졌다.

"하…… 돈 벌기…… 정말 힘들구나."

나는 그때 깨달았다. 노동을 통해 돈을 벌기 위해서는 생각보다 많은 것을 감내해야 한다는 사실을 말이다. 시키는 일만 잘한다고 해서 되는 것이 아니라, 형식도 지켜야 하고 누군가에게 좋은 이미지를 주어야 하고, 불합리한 일도 입 다물고 꾹 참아야 했다. 내가 아주 대단히 자유로운 사람은 아니었지만, 그 모두를 견딘다는 것은 극히 비효율적인 것처럼 생각됐다.

주식은 여유자금이 있다고
다 하는 것이 아니다

스무 살까지의 내 인생은 어쩌면 그리 특별한 것이 아닐 수도 있다. 그때의 나보다 더 가난하고, 더 힘들게 하루를 버티면서 살아가는 또래의 청년들도 많기 때문이다. 그리고 지금은 과거보다 더 많은 기회가 사라졌다. 금리는 바닥을 치고, 부동산은 가히 엄두가 나지 않는다. 1억 원의 돈을 가지고 있어도 할 것이 없다. 오로지 할 수 있는 게 있다면, 마지막으로 남은 게 있다면 바로 '주식'이다. 지금 청년들에게 불고 있는 주식 열풍은 바로 이런 현실을 반영하고 있다.

하지만 100명이 주식시장에 들어온다고 하더라도 2년 이상을 버티는 사람은 한두 명에 불과하다. 남은 한두 명이 매번의 트레이딩에서 승승장구하기는 더더욱 쉽지 않다. 그럼에도 불구하고 나는 꼭 주식을 해야겠다는 사람이 있다면, 먼저 스스로에게 물어봐야 한다고 생각한다. 정말로 돈에 대한 뼈 때리는 고통과 간절함을 느껴는 봤는지.

이 간절함과 고통만이 주식시장에서 독하게 공부하고 끝까지 살아남겠다는 의지를 다질 수 있는 토대가 되어준다. 널널하고 유유자적한 마음으로 주식시장에 들어왔다가는 시간이 문제일 뿐, 결국 백전백패일 수밖에 없다. 아는 사람 중에 여유자금이 생겨서 투자나 해볼까 하고 시작한 사람이 있다. 종목을 추천해준다는 사람들의 이야기만 듣고 한 번의 마우스 클릭으로 편하게 돈을 벌 수 있을 거라 생각하는 것이다. 그런 마음이라면 차라리 지금 하고 있는 일을 더 열심히 하라고 말해주고 싶다. 시시각각 달라지는 전쟁터와 같은 주식시장에서 이런 마음가짐으로는 절대 살아남을 수 없다.

하지만 만약 당신이 인생의 막다른 골목에 갇혀 숨쉬기도 힘들 정도로 헉헉거려봤다면, 그리고 정말로 돈 때문에 서럽게 울어본 경험이 있다면, 나는 당신에게 권할 수 있다. 바로 내가 걸어왔던 지난 10년의 세월, 전업 트레이더의 길을.

가난은 결코
고결하지 않다

나는 어려서부터 해보고 싶은 것이 참 많았다. 축구 선수가 되고 싶었고, 해커도 되고 싶었다. 그런 꿈들은 모두 돈을 벌기 위한 것이 아니었다. 내가 잘하는 일이기도 했고, 멋있어 보여서 꼭 해보고 싶기도 했다. 그런데 어느 순간부터 꿈을 향한 나의 노력들이 턱턱 막히는 일이 생기기 시작했다. 그럴 때마다 나는 꿈을 접어야 했고, 뭔가 철벽 같은 것이 내 앞을 가로막는 듯한 느낌이 들었다. 어떤 이들은 '가난해도 행복하게 살면 되지 뭐'라고 말하고, 또 누군가는 자발적인 가난을 실천하기도 한다지만, 나는 가난과 절대로 친해질 수 없는 사람이었다.

핑계를 찾아내야만
했던 어린 시절

어린 시절 내가 제일 좋아했던 것은 바로 축구였다. 초등학교 고학년으로 올라가면서부터 집에서 자는 시간 빼고는 대부분 밖에 있었다. 수업이 끝나고 시작한 축구는 밤늦은 시간까지 이어졌다. 친구들은 저녁밥을 먹으러 집으로 돌아갔지만, 나는 혼자서라도 공을 찼다. 저 멀리 뻥 하고 찬 후에, 신나게 달려가서 줍고 다시 차기를 반복했다. 상대방이 없어도, 그렇게 축구가 재미있을 수가 없었다. 가로등 불빛이 모두 꺼지는 늦은 밤까지, 나는 그렇게 축구에 흠뻑 빠져 있었다.

당시에 나는 꽤 축구를 잘했다고 생각했는데, 막상 중학교에 올라가니 나보다 체격이 훨씬 더 좋은 녀석들이 많았다. 키가 채 160센티미터도 안 되었으니 축구선수로서는 좋은 체격이 아니었다. 덩치 좋은 친구들에게 밀리고 넘어지는 일이 많았다. 만약 축구를 좀 더 제대로 배운다면 체격의 불리함도 넘어설 수 있다고 생각했다. '축구교실'을 찾아가 봤지만, 등록비가 너무 비싸 차마 어머니에게 말씀드릴 수가 없었다. 며칠 고민을 해봐도 딱히 답은 없었다.

결국에는 흥미를 잃어버렸다고, 체격이 너무 작아서 안 되겠다고 생각하는 편이 훨씬 나을 것 같았다. 너무도 좋아하는 축구를 돈 때문에 못한다고 믿고 싶지는 않았기 때문이다. 어머니가 "요즘에는 왜 축구 안 하니?"라고 물어보면 나는 "그냥 이젠 별로 재미가 없어졌어요."라고 말했다.

　축구의 꿈이 사라진 뒤 다시 꾸게 된 꿈은 해커였다. 중학교 2학년 때 해커를 주제로 한 영화를 봤는데, 그렇게 흥미로울 수가 없었다. 다만 아무리 멋있어도 해커는 범죄자니까 개발자가 되는 것이 낫겠다 싶었다. 코딩을 배워야 할 것 같아서 바로 리눅스 책 한 권을 구입했다. 당시에는 C언어와 C++가 대세였는데, 무작정 두 권을 사서 집에서 따라 했다. 하지만 6개월이 지나고 나서는 한계에 부딪혔다. 혼자서 공부하니 더 이상 진도가 나가지 않았다. 결국 종로에 있는 프로그래밍 학원에 찾아가 상담을 받았다. 문제는 또다시 돈이었다. 한 달 학원비는 70만 원. 어머니 월급이 150만 원인데, 코딩 학원비가 70만 원이라면……. 그때도 나는 핑곗거리를 찾아야 했다. 코딩은 너무 어려워 도저히 내가 할 수 있는 분야가 아니라고 말이다.

　가난으로 인한 정서적 위축은 학교생활 내내 나를 괴롭혔다. 급식비를 지원 받기 위해 교탁 앞으로 나갈 때도, 전학을 가서 선생님이 가정환경 조사를 나온다고 했을 때도, 여자친구가 "너희 집에 놀러 가자"라고 할 때에도, 나는 늘 머뭇거려야만 했다. 반지하의 어두컴컴한 그 공간을 누군가에게 보이는 순간, 창피함을 견딜 수 없을 것만 같았기 때문이다.

차라리 힘든
경험들이 있다면

〈더 울프 오브 월스트리트The Wolf of Wall Street〉라는 영화가 있다. 20대 중반 정도에 보았으니, 그때는 내가 가난에서 탈출한 지도 2~3년 정도가 지난 시기였다. 레오나르도 디카프리오가 주연을 맡았던 영화의 주인공, 주식 브로커 조던 벨포트는 이런 이야기를 한 적이 있다.

"가난은 결코 고결하지 않다. 다시 선택하라고 하면 무조건 부자를 선택할 것이다."

나는 이 대사에 전적으로 공감했다. 내가 겪은 가난이란, 결코 고상하지도, 순결하지도 않았다. 정말로 내가 하고 싶은 것들 앞에서 나를 위축시킨, 그리고 계속해서 핑곗거리를 찾게 만들었던 철벽이었기 때문이다.

그나마 다행인 것은, 꿈을 접어봤던 어린 시절의 경험들이 주식을 시작하고, 포기하지 않게 해주었던 기초체력이 되어주었다는 점이다. 나도 모르게 그 철벽의 답답함을 다시는 경험하지 않으려고 하는 독한 마인드가 생겼다고 할까.

어떤 사람들은 나에게 이렇게 물어보기도 한다.

"주식을 하는 데 있어서 마인드와 테크닉 중 어떤 것이 더 중요하다고 보세요?"

전체를 10이라고 한다면 나는 대략 마인드가 8, 테크닉이 2라고 본다. 그런데 결국 그 테크닉도 마인드에 의해서 결정된다. 나의 마음 상태, 욕심의 정도, 손실과 이익에 대한 태도가 결국 특정 테크닉의 선택과 강도를 조절하게 되어 있다. 급한 마음 상태라면 과도한 물타기를 하게 되고, 잔뜩 욕심이 난 상태라면 레버리지 폭을 넓히면서 스스로 무덤을 파기도 한다. 결국 '마인드가 거의 전부'라고 해도 과언이 아니라는 의미이다.

'내일의 급등주'를 찾는 사람들은 내 유튜브 채널에서 '웬 뜬구름 잡는 소리가 그렇게 많냐'면서 '어서 종목이나 추천해줘'라는 식으로 불만을 토로하기도 한다. 하지만 마인드 훈련이 되지 않은 사람들은 주식을 매매할 때 생기는 번뇌와 고통, 감정의 격한 진폭을 감당해내기가 힘들다. 그러니 당연히 오래 하지도 못하고, 결국 "주식은 도박이랑 똑같아"라는 말을 하면서 허망을 느끼고 바람처럼 시장을 떠난다.

나 역시 주식을 하면서 극도의 스트레스를 받았고, 떠나고 싶을 때도 있었다. 그것을 이겨 내게 만든 원동력은 돈이 없어서 배우고 싶은 것, 하고 싶은 것을 하지 못했던 경험들이었다.

돈이 없어서 겪게 되는 심리적 고통을 사랑할 수는 없겠지만, 만약 당신이 지금 그런 고통을 느끼고 있다면 차라리 잘된 일인지도 모른다. 돈 때문에 꿈을 접어본 경험이 있다면, 그래서 마음이

너덜너덜해져 있다면, 비로소 나는 주식에 발을 내딛는 당신을 환영할 수 있을 것 같다. 과거의 고통은 오늘의 험난함을 이겨 나갈 수 있는 튼튼한 기초체력이 되어줄 것이며, 접었던 꿈들은 디딤돌이 되어 새롭게 도약할 힘을 줄 것이기 때문이다.

나를 인도해줄
나침반을 찾아서

    그곳은 거짓말 같은 세계였다. 증권사에서 일하는 누나로부터 처음 주식에 관한 이야기를 들었을 때, 그런 세상은 있을 리 없다고 생각했다. 하루에 수백, 수천만 원을 번다는 사람들이 있다는 허황된 이야기들. 물론 누나가 직접 증권회사에서 일하며 경험했던 일이었지만, 그래도 여전히 나에게는 체감되지 않는 말들이었다. 하지만 주식 정보 사이트인 팍스넷에 들어갔더니 그 거짓말 같은 세계가 모니터 앞에서도 재현되고 있었다. 나에게는 10만 원도 소중한 돈이었지만, 그들에게 10만 원은 종잣돈조차 되지 않는 하찮은 돈이었다. 처음에는 그들의 말을 거짓말로 단정했다. 만약 정말로 주식으로 그렇게 큰돈을 벌 수 있다면 뭐 하러 사람들이 힘들게 직장생활을 하고, 왜 쓸데없이 장사 같은 것을 하냐고. 그럼에도 불구하고 서서히 그 거짓말 같은 세계를 믿고 싶다는 생각이 들기 시작했다. 그때 나에게는 가난에서 벗어날 탈출구가 간절했기 때문이다.

지표와 패턴이
나를 구할 수 있을까?

누구나 주식은 '기분 좋은 들뜸'으로 시작한다. 나 역시 설거지로 모은 500만 원이 어쩌면 내 인생을 바꿔줄지도 모른다는 기대감을 품기 시작했다. 나에게도 '고수'라고 불리는 사람처럼 하루에 수백만 원을 벌 수 있을지도 모른다는 꿈과 희망이 생겼다. 하지만 그에 못지않은 주식에 실패해 수천, 수억 원을 잃은 사람들의 경험담도 있었기에, 나는 가장 먼저 나침반을 찾는 것에 주력해야 한다고 생각했다. 수천 개의 종목, 어지러울 정도로 오르내리는 차트의 숲 안에서 내 손에 작은 나침반이라도 하나 쥐어져 있다면 얼마나 좋을까. 나는 그걸 찾으면 그 세계에서 버티고 생존할 힘을 얻을 수 있을 것이라 믿었다. 그때부터 주어진 모든 방법을 섭렵하기 시작했다. 지라시를 받아서 하는 정보매매, RSI, MACD를 이용한 보조지표매매, 캔들에서 찾아낸 패턴을 통한 매매, 상따(상한가 따라잡기), 하따(하한가 따라잡기), 20일선 돌파매매, 5일선 이격매매……

처음으로 나를 환호하게 만든 건, 바로 보조지표들이 알려주는 특정한 패턴이었다. 그 방향성을 특정 종목의 조건에 대입하다 보니 계속해서 좋은 결과를 보였다.

"아, 찾았다! 내 나침반."

가슴이 두근거렸다. 장이 끝나면 빨리 다음 날 다시 장이 열리길 기대했다. 계속해서 테스트를 하다 보면 내가 찾은 그 방법이 더 확실해질 것이기 때문이었다. 하지만 시간이 흐를수록 고개가 갸우뚱거려지기 시작했다. 어느 날은 그 방법이 들어맞았지만, 또 어느 날은 별 신통치 않았다. 그런데도 멈출 수는 없었다. 내가 어떻게 찾아낸 보물 나침반인데…… 시간이 흐를수록 시장은 무심했고 나는 무력했다. 내 방법이 무참하게 박살 나기까지는 채 한 달도 걸리지 않았다. 그럴 때마다 인터넷에 접속해 더 많은 방법을 찾았다. 고수의 말에도 귀 기울여 보고, 실제 따라 해보기도 했다. 나만의 방법으로 변형시켜보기도 했다. 그러나 시장은 결코 만만한 것이 아니었다.

나도 고수가
되고 싶었다

주식시장을 몸으로 체험하면서 점차 실망도 많이 했지만, 한 가지 확실하게 얻은 것이 있었다. 미래의 내 모습에 대한 신념이 더욱 강해졌던 것이다.

'주가가 오르내리든 상관없이 언제나 돈을 버는 전업 트레이더.'

주가가 내린다고 돈을 잃으면 하수라고 생각했다. 남들이 돈을 번다고 그 틈새에 끼어 덩달아 돈을 버는 것도 하수라고 생각했다. 나는 그 모든 파도의 출렁임을 이겨 나가는 진정한 '시장의 마법사'가 되고 싶었다. 그러니 처음 내가 찾았던 방법들이 비록 먹히지 않았을지라도 실망할 필요까지는 없다고 다독였다. 시장에서의 패배로 인한 실망감은 잠시 있었지만, 미래의 내 모습에 대한 강한 확신이 들면서 다시 거래를 시작할 용기가 생겼다.

당시에 나는 이미 재수생 신분은 완전히 잊어버리고 있었다. 대학 따위야 어찌 되든 상관이 없었다. 오직 숫자로 승부하는 놀라운 신세계 앞에서 시간을 담보로 하는 게임에 몰입했고, 또 그렇게 해야 나의 미래가 있다고 생각했다. 그렇게 해서 3개월. 하지만 강했던 의지와는 정반대로 나는 무력감을 넘어 절망의 벽을 바로 눈앞에서 맞닥뜨려야 했다. 통장 잔액 27만 3,000원이 그것을 증명하고 있었다. 500만 원의 돈이 27만 3,000원으로 쪼그라들기까지 딱 3개월이 걸렸다. 나는 패배를 인정하지 않을 수 없었다. 지름길을 찾았지만, 결국 벼랑 끝에 선 꼴이 되어버렸다.

주식을 시작한다는 것은 곧 나와의 싸움이 시작된다는 것을 의미한다. 아무 근거 없이 피어오르는 들뜸과 꿈, 그리고 희망. 마치 내 살이 깎이는 것 같은 하락의 공포와 손절매에 대한 안타까움. 이렇게 감정이 흔들릴 때마다 마음은 더 급해지게 된다. 급해진 만큼 돈을 벌 수 있는 것은 아니라는 사실을 알면서도 다시 급해지는 그 이중의 혼란함은 삶이 뒤죽박죽된 것 처럼 느끼게 한다.

나는 당신도 이런 경험을 충분히 해야 한다고 생각한다. 그리고 하게 될 것이다. 누구나 경험하는 것이기 때문에 그것 자체로 실망할 필요는 없다. 사춘기 질풍노도의 시기를 겪어야 성인의 유연함이 자리 잡듯, 주식시장에서 느낄 수 있는 온갖 감정들을 충분히 겪어야 제대로 성장할 수 있다. 감정의 거품을 걷어낼 수 있을 때, 진정한 고수로의 성장을 위한 첫 발걸음을 뗄 수 있을 것이다.

창문을 닦으면
시야가 더 깨끗해진다

'오만'과 '편견'.

주식투자에서 실패하는 상당수의 이유가 바로 이 두 단어, 오만과 편견에 들어있다. 오만이란 정확한 판단이 아님에도 내 판단이 옳다고 고집하는 것이며, 시장의 흐름을 종합적으로 보지 못하고 서둘러 확신하는 것이 편견이다. 그런데 매우 아이러니하게도 투자자에게 오만과 편견은 행복감을 안겨주는 감정상태이기도 하다. '그래 내 생각이 맞아', '지금이 매수 버튼을 누르기 최적이야'라는 오만과 편견은 불안함에서 벗어나 안정을 찾도록 해주기 때문이다. 마치 변동성에서 자신만이 확고한 지지대를 얻은 것처럼 생각되며 안심할 수 있는 여지를 확보한 듯 하다. 물론 그 오만과 편견이 수시로 깨지기는 하지만, 반대로 주식투자자들은 계속해서 그 오만과 편견으로 빨려 들어간다. 나쁜 행동인지 알면서도 계속해서 그 행동을 할 수밖에 없는 일종의 중독 상태에 이르게 되는 것이다.

다시 마주한
고수들의 매매일지

통장에 남아 있던 27만 3,000원. 나는 그 숫자를 보면서 주식을 시작하고 처음으로 눈물을 흘렸다. 돈이 아까운 것 때문만은 아니었다. 3개월간 내가 할 수 있는 모든 기법을 테스트해보았음에도 불구하고 전부 깨져버렸기 때문이며, 주식시장에서 내가 무언가가 될 수 없는 사람인 것만 같은 절망감 때문이었다. 꿈과 희망으로 경쾌하게 출발했지만, 알 수 없는 강한 힘에 밀려나 땅바닥에 내팽개쳐진 느낌, 잘 살던 집에서 갑자기 쫓겨난 심정, 바로 그런 것들이 눈물을 흘리게 했다. 자존감은 바닥을 쳤고 이제껏 나를 낳으시고 돌봐 주었던 어머니에게 그렇게 죄송할 수가 없었다. 단순히 주식을 하다가 돈을 잃은 문제가 아니었다. '나'라는 인간 자체의 문제로 다가왔다. 며칠간 주식을 놓고 아무런 생각도 하지 않았다. 막상 주식시장에서 벗어나 보니, 지나간 3개월이 마치 먼 옛날의 이야기처럼 느껴졌다.

사실 내가 처음 주식을 시작한 2009년은 장세가 꽤 좋은 상황이었다. 자고 일어나면 지수가 상승해 빨간불 천지였다. 그럼에도 불구하고 나는 스켈핑과 성급한 단타로 내 계좌를 깡통으로 만들어 버렸다. 세상에 존재하는 모든 것은 '결과'다. 몸에 병이 생겼다는 '결과'는 몸에 좋지 않은 행동을 했다는 '원인'에 의한 것이다. 가족들이 화목하다는 '결과'는 그 가족들을 단결시키는 '원인'에 의한 것이다.

"내 깡통 계좌는 내가 만들어 내는 결과다. 그렇다면 원인도 있겠지? 만약 그 원인을 바꿀 수 있다면……."

다시 컴퓨터 앞에 앉아 고수들의 매매일지를 읽어보기 시작했다. 그들의 말에는 한 가지 공통점이 있었다.

'인내심을 가지고 주가를 움직이는 원동력을 이해하라.'

원동력. 나는 그때 주식에 관한 나의 의지와 열정이 곧 오만과 편견의 일종이라는 사실을 깨달았다. 주식은 내가 움직이는 것이 아니다. 무엇인가의 근본적인 힘에 의해서 '움직여지는 것'이다. 그것은 곧 내가 나를 벗어나야 한다는 것을 의미했다. 그래야만 내가 아닌 제3자, 제3의 요소들이 만들어내는 진짜 원동력에 접근할 수 있기 때문이다.

수익률 30퍼센트를
넘어 200퍼센트로

파블로 피카소Pablo Picasso는 이렇게 이야기했다.

"훌륭한 예술가는 모방하고, 위대한 예술가는 훔친다."

이 말은 주식시장에서 승자가 되는 원리이기도 하다. 주가를 움직이는 것은 나 같은 개미들이 특정 종목에 몰릴 때이다. 기관과 외국인이 주식을 사고팔 때 증시는 출렁거린다. 바로 그것이 원동력이다. 그렇다면 나는 그들의 생각을 완전히 훔쳐야 한다. 그냥 따라 하면 어색할 뿐이고, 그 생각들을 내 것으로 훔쳐버리면 그들처럼 생각하고 행동할 수 있게 된다. 그것은 곧 나의 사고 회로를 그들의 사고 회로와 똑같이 만드는 작업이다. 내가 성공한 트레이더들과 똑같이 생각한다면, 나도 성공한 트레이더가 될 것은 자명한 사실이다.

"내가 다른 개미라면? 기관투자자라면? 외국인이라면……?"

수개월 동안 '나'는 사라졌고 온전히 '그들'이 내 안으로 들어왔다. 몇 개월간 엎치락뒤치락하던 계좌는 그렇게 차분하게 안정되기 시작했다. 1년이 지나자 나는 비로소 성장할 수 있었고 한 달 목표 수익률 30퍼센트를 돌파해 어떤 경우에는 200퍼센트를 넘나들기도 했다. 21살의 겨울, 나의 계좌는 1억 원으로 차올랐고, 그

해의 겨울은 유난히도 따뜻했던 기억을 가지고 있다.

주식투자를 실패로 끌고 가는 가장 큰 요인 중의 하나는 자신을 내려놓지 못하는 것이다. 마치 부처님이 어리석은 중생들을 위해 하는 말 같지만, 이 말은 주식시장의 진리이자, 진리이고, 진리이다. 나를 내려놓고 시장을 온전히 받아들여야 한다. 자신의 고집과 오만을 차분하게 씻어 내려야 한다. 창문을 깨끗하게 닦으면 더 멀리 자세히 볼 수 있듯, 나를 내려놓으면 주식을 움직이는 원동력이 더 잘 보일 것이다.

나는 드디어
액셀을 밟기 시작했다

1억 원.

당시 나에게는 엄청나게 큰돈이었다. 누나 둘과 어머니, 내가
함께 사는 10평짜리 반지하방 전세가 5000만 원이었다. 낮에도 해
가 들지 않는 음습한 곳. 여름이면 그 눅눅함에 잠도 잘 이루지 못
할 정도였다. 그런 나에게 1억 원이 생겼다. 당장 그 반지하방부터
탈출하고 싶었지만 아직은 때가 아니라고 생각했다. 겨우 모은 시
드머니를 줄이고 싶지 않았기 때문이다. 그리고 그때까지만 해도
가족들은 내가 주식을 한다는 것도, 내 통장에 1억 원이 있다는 사
실도 알지 못했다. 나는 바뀌었지만, 가족의 저녁 풍경은 똑같았

다. 어머니는 오늘도 식당에서 일하시고 돌아와 퉁퉁 부은 손가락 관절에 밴드를 붙이고 계셨고, 누나들은 여느 때처럼 점심값도 아끼기 위해 회사에 싸간 도시락 통을 싱크대에서 씻고 있었다. 매일 보는 풍경이었지만, 그때만큼은 정말 낯설면서도 불쌍했다. 나는 더 달려야겠다고 생각했다. 우리 가족 모두를 구원할 수 있을 때까지.

꼬마에서
맏아들이 된 기분

내가 없는 사이 내 방에 들어왔던 누나들은 경악을 하며 '엄마!'를 불러댔다. 책상 위에 있던 내 통장을 본 것이었다. 누나들은 마치 그 돈이 무슨 범죄 수익이라도 되는 양 어머니에게 고해바쳤고 나는 죄인이 된 것처럼 지난 1년의 세월을 고백해야만 했다. 증권사에 근무했던 누나는 안타까운 눈빛으로 바라보며 나에게 간절하게 조언했다.

"그래, 이때까지 돈을 번 것만 해도 다행이다. 이제는 그만해야 한다. 더 하면 돈 다 잃어."

누나는 주식으로 운 좋게 돈을 번 사람들, 그리고 그 돈을 모두 잃어 패가망신했던 사람들을 무수히도 봐 왔다. 그러니 누나가 바라보는 어린 남동생의 미래는 뻔했다. 내가 아무리 자신 있다고, 나는 할 수 있다고 말해도 누나의 대답은 앵무새였다.

"야, 그렇게 망한 사람들도 처음에는 다 자신 있다고 말했어!"

이건 뭐 아무리 말을 해도 '기-승-전-패가망신'이었다.

어머니도 거들었다.

"사람이 멈출 때를 알아야지. 누나 말대로 그만해야 할 때다."

겉으로는 수긍하는 듯하면서 당시 분위기를 잠재웠지만, 나는 전혀 멈출 생각이 없었다. 설사 그 1억 원이 다 사라진다고 해도 멈추지 않으리라 다짐했다. 이제 막 자동차를 구입해 액셀을 밟아 속도를 내는 것에 즐거움을 느끼게 되었는데, 흥분된 마음이 그리 쉽게 다잡아질 수는 없는 노릇이었다.

22살의 봄이 되어서는 한 달에 1000만 원, 많을 때는 2000만 원이 찍혔다. 나에게 보상이라도 하듯 국산 자동차 한 대를 샀고, 어머니가 삼 남매를 키우면서 지셨던 빚도 모두 청산했다. 결혼 자금 때문에 결혼식을 미루고 미뤘던 누나들에게도 돈을 보냈다. 태어나서 처음으로 느껴본 기분이었다. 늘 용돈을 바라던 막내 꼬마에서 집안의 문제를 해결하는 진짜 맏아들이 된 느낌이었다.

자신감은 하늘을 찔렀고 더욱 공격적으로 트레이딩을 시작했다. 중간중간 리스크 관리를 하지 못해 기복이 있기는 했지만, 월 단위로 손해 본 적은 거의 없었다. 완전히 자신감을 가진 나는 그

제야 군대를 선택할 수 있었다. 한 달 수입이 7000만~8000만 원으로 불어나기 시작했으니 공익근무를 하면서도 주식을 할 수 있으리라 생각했다.

훈련소에서의 한 달은 지긋지긋하기 그지없었다. 어쩌다 손에 메모지가 주어지면 나는 거기에 현대차 주가를 그리고 있었다.

청춘의 술, 그리고 클럽

지하철에서 복무했던 공익요원 생활은 야누스의 두 얼굴과 똑같았다. 저녁 6시에 출근하면 그때부터 익숙한 광경들이 펼쳐졌다. 일주일에 꼭 한번은 휴대폰을 철로에 떨어뜨리는 사람이 있었고, 매번 술에 취해 지하철에서 자는 사람을 끌어내야 했다. 하루에 몇 번은 지하철에서 카드를 잃어버렸다고 개찰구를 열어달라는 사람도 있었다. 그렇게 시간이 흘러 새벽 2시면 겨우 일이 끝나고 잠들 시간이 된다. 약 3시간만 자고 일어나 새벽 5시에 지하철의 셔터를 올리면 하루의 일과가 마무리되었다. 이건 정말로 변화가 없었다. 폭등과 폭락의 주식장에 단련된 나에게는 지겹기 짝이 없는 일들이었다. 야누스의 선한 얼굴을 달고 그냥 좀비처럼 해야 할 일을 했다.

그러나 아침 9시가 되면 내 얼굴이 바뀌었다. 총알처럼 집으로 달려간 나는 모니터를 켜고 미친 듯이 주식에 몰입했다. 공익요원 복무는 일주일은 낮 근무, 일주일은 밤 근무라서 한 달에 2주는 주식을 할 수 없었다. 그럼에도 내가 한 달에 버는 돈은 2000만 원에서 3000만 원 사이였다. 공익요원을 하면서도 주식으로 그 정도의 돈을 버는 사람은 거의 없지 않았을까. 거기서 끝이 아니었다. 공익요원에서 해방된 다음부터는 가히 전설에 가까운 수익을 이뤄냈다. 또래 친구들이 아르바이트를 해서 한 달에 100만~200만 원을 벌었다면, 나는 세금을 제외하고도 한 달에 2억 원 이상을 버는 트레이더가 되어 있었다.

나에게 자만심이 찾아온 것도 그때였다. 모든 것이 숫자로만 보였다. 아침에 일어나 카페에서 주식을 하는 경우도 있었는데, 그곳에 있는 사람들이 한 달에 얼마를 벌까 상상을 해보기도 했다.

"저 사람은 직장인 같은데…… 한 달에 500만 원이나 벌까?"

"저 사람은 프리랜서로 일하지 않을까? 그래봐야 한 달에 300만 원이나 벌겠지?"

다른 사람과 나를 돈으로 비교하며 내 행복이 차고 넘침을 즐거워했다.

일주일 중 3~4일은 친구들을 불러내 술을 마셨다. 물론 모든 술값은 오로지 내 몫임을 자처했다. 밤새 술을 마셔도 취하지 않았다. 하얗게 뜨는 해를 보며 집에 돌아와 잠시 자고 일어나도 당일 장이 마감할 때까지 집중력이 유지됐다. 다시 저녁 시간. 이제 더 이상 귀찮게 매매일지를 들여다볼 필요도 없었고, 나의 거래를 녹화해서 고통스럽게 보지 않아도 됐다. 이미 실력은 충분했으니 그 대신 술이 주는 행복을 선택했다.

칼집에서 칼을
뽑지 않을 때

계절이 바뀌는지도 모를 정도로 집에 처박혀 주식공부에 골몰하던 시간이 가고, 매일 계절을 느끼는 화려한 생활을 한 3년 정도를 이어나갔다. 돈이면 안 되는 것이 없는 것 같았고, 나는 돈을 무한정 길어 올릴 수 있는 황금의 우물을 가지고 있었다. 그런데 문제가 생겼다. 돈과 관련된 이성은 점점 또렷해지는 반면, 사람으로서의 감성은 메말라가고 있었다.

어느 날 문득, 어린 시절을 회상해보았다. 몇몇 장면 이외에는 잘 기억이 떠오르지 않았고, 갑자기 두려움과 슬픔이 동시에 몰려왔다. 가난 때문에 상처받았고, 꿈을 접어야만 했던 그 꼬마 아이는 이디로 간 것일까? 내가 지금의 생활에 너무 취한 나머지, 과거의 나마저 잊어버린 것은 아닐까?

나는 더 이상 술을 마시지 않기로 했다. 다시 초심으로 돌아가고 싶었기 때문이다. 그제야 겨우 진정할 수 있었고, 내 인생에서 돈이 아닌 또 다른 무엇인가가 필요하다는 생각이 들기 시작했다.

어쩌면 많은 사람들이 과거의 나와 같은 생활을 꿈꿀지도 모르겠다. 쓰고 또 써도 돈에 부담이 없는 생활. 하지만 지금 생각하면 정말로 어디에 숨고 싶을 정도로 부끄러운 한 때였다. 사람을 돈으로 평가하고, 그들보다 내가 우월하다고 느꼈던 그때의 나는 정말로 바보 같았다. 어쩌면 지독한 가난으로 받은 억압이 한꺼번에 폭발해서 그랬을 수도 있다. 주식투자로 돈을 번다면 한 번 정도 경험해볼 수도 있겠지만, 결국 그것이 주식투자의 목표가 될 수는 없다. 만약 내가 그런 생활을 계속했다면, 아마도 지금의 나는 없었으리라 확신한다.

늘 들떠 있는 생활은 곧 흥분된 감정을 만들어 내고, 삶을 불안하고 불안정하게 만든다. 그리고 이러한 상태에서 하는 주식투자는 필연적으로 패배로 이어질 수밖에 없다. 칼이 있지만 칼집에서 뽑지 않을 때 더 무서워 보이듯, 욕망이 차올랐지만 폭주하지 않는 상태가 팽팽한 긴장감을 유지해야 하는 투자자에게 더 나은 평점심을 가져다주기 때문이다.

투자수익으로
'추억'을 사기 시작한 이유

나에게 멘토가 되어준 사람이 있다. 내가 느끼기에 세상에서 가장 똑똑한 사람. 30대 중반에 200억 원대 수익을 올린 저명한 투자자이자 트레이더 형이었다. 원래는 학교 선생님이었으나 주식을 시작한 이후 교직을 그만두었다. 투자를 하고 있다는 점이 애초 자신의 교육관과도 맞지 않았고, 투자를 위한 공부에 시간을 빼앗기면서 아이들에게 소홀해지는 자신의 모습을 용납하기 힘들었기 때문이다.

27살, 그즈음에는 나도 이미 주식의 세계에서는 어느 정도 유명해져서 그 형에게 연락을 할 수 있었다. 몇 주에 한 번은 꼭 대구로 내려가 형을 만나면서 나는 오로지 돈만 좇았던 내 세계관을 다시 추슬렀다.

누군가 내 20대를 물어본다면

내가 대구의 형을 좋아했던 이유는 그가 돈을 많이 벌었기 때문이 아니다. 주식으로 200억 원대 이상의 돈을 번 사람들이 곳곳에 있을 것이니 말이다. 그 형은 주식뿐만 아니라 인생 전반에 대해 깊이 있는 생각을 했고, 나는 그런 이야기를 듣는 것에 큰 자극을 받으면서 나를 되돌아볼 수 있었다. 20대를 오로지 주식으로만 보냈던 나는 형에게 꼭 묻고 싶은 것이 하나 있었다. 만약 형이 내 나이로 되돌아간다면 주식을 할 것이냐고. 실제로 만나 물어보았던 형의 대답은 간결했다.

"아니⋯⋯. 나는 그때로 돌아가면 주식을 안 할 것 같아."

형의 대답은 너무도 놀라웠다. 그는 투자를 하기 위해 태어난 사람처럼 보였고, 그런 사람이 틀림없다고 생각했다. 형이 말을 이었다.

"돈은 언제든지 벌 수 있는 것이었는데, 20대를 주식으로만 보냈다는 것이 너무 아쉬워. 없던 추억을 지금 와서 돈으로도 살 수는 없잖아?"

　그때까지만 해도 나는 추억이라는 것에 별로 신경을 쓰지 않았다. 물론 나도 가끔씩은 '내가 이렇게 주식만 하고 살아도 되는 건가?'라는 생각을 어렴풋이 해본 적은 있었다. 그러나 하루하루를 온정신을 다해 몰아쳐야 하는 트레이딩의 세계에서 그런 고민은 한가해 보였다. 그렇게 묻혀버렸던 나의 생각을 형이 깨우쳐 주었던 것이다.

　한때의 아름다운 추억이 없다는 것. 생각해보면 참 슬픈 이야기일 수도 있다. 훗날, 주변의 친구들이 20대의 철없던 자신의 모습을 낄낄거리며 추억할 때, 나는 아무 할 말도 없는 상황이라면……. 주식을 했던 시절을 결코 후회할 리는 없지만, 그렇다고 주식으로만 가득한 인생을 보내는 것도 제대로 사는 게 아닌 것 같았다. 나는 더 나은 삶, 돈이 전부가 아닌 인생을 살아보기로 결심했다.

　'한국이 아닌 다른 세계로 가면 좀 더 많은 것을 느끼지 않을까?'

　유럽이라는 곳에 가보고 싶었다. 생각해보니 이제까지 한 번도 비행기를 타본 적이 없었다. 공항에서 비행기를 타려면 어떻게 해야하는지도 몰랐을 정도였다. 그럴수록 더욱 해외로 떠나보고 싶었다. 이제껏 감옥처럼 갇혀있던 집과 모니터 앞에서 탈출해 낯선 곳으로 가고 싶었다. 오히려 말도 통하지 않는 외국이 더 낫지 않을까? 언어에 대한 두려움도 있기는 했지만, 그 정도야 손짓 발짓이면 그리 대수가 아니라고 여겼다. 그렇게 해서 나는 유럽에 도착했고, 낯선 하루하루를 시작했다.

정말로 평화로운 시간이었다. 마치 폭풍우에서 빠져나온 쾌적함이었다. 새소리, 바람소리, 아이들 뛰어노는 소리에 마음이 아늑해지고, 평화로워졌다. 돈이 주는 행복이 아닌, 자연과 사람이 주는 행복을 이렇게나 풍족하게 느껴본 적이 없었다. 나는 우물 안의 개구리였다. 컴퓨터와 모니터가 없는 세상, 더 넓은 세상을 보면서 살아가는 사람이 되어야 하겠다는 생각을 굳혔다.

모니터 너머의 세상

그렇게 한 달 일정으로 유럽을 다녀온 뒤로는 주기적으로 여행을 떠났다. 그런데 나는 그때까지만 해도 투자에 대한 마음을 완전히 내려놓지 못했다. 어느 순간부터 무거운 노트북과 휴대용 모니터 두 개를 넣은 캐리어를 질질 끌고 다니면서 거래를 했다. 지난달에는 스위스에서 거래했고, 이번 달에는 오스트리아에서 거래했다. 그리고 다음 달은 또 크로아티아에서도 거래를 하려고 했다.

거래 결과는 대부분 좋지 않았다. 대체로 나는 기복 없이 투자하는 편인데, 여행을 다니면서 거래를 하다 보니 어떤 것에도 집중할 수 없었다. 시차 적응도 완전하지 않아 낮에도 피곤했고 저녁까지 그 피곤이 이어졌다. 한국과의 시차로 인해 새벽에 거래를 할 때에는 집중력이 깨져서 포지션이 물린 상태에서 지쳐 쓰러져 자기도 했다. 긍정적으로 생각하면 '여행을 하면서는 절대 거래를 해서는 안 된다'는 교훈을 얻기도 했지만, 어쨌든 여행도, 투자도 모두 망쳤다. 그 이후로 여행지에서는 거래를 하지 않았다.

주식시장에 참여한다는 것은 어쩌면 일생일대의 격전에 휘말리는 일인지도 모른다. 그러나 인생을 늘 격전 치르듯이 살 수는 없는 노릇이다. 주식 앱과 모니터에서 눈을 돌리면 더 큰 세상이 있다. 이러한 여유가 초보자에게는 사치라고 느낄 수도 있겠지만, 처음부터 너무 주식에만 몰입한다면, 결국 그것으로 인한 정신적인 폐해도 커질 수밖에 없다. 너무 급하게 마음 갖지 말자. 주식시장은 5년 뒤에도 있을 것이고, 10년 뒤에도 있을 것이다. 주식을 내 삶에 들여놓지만, 그것과도 적당하게 거리를 둘 수 있는 여유로움, 오로지 돈이 내 인생을 좌우하게 놔두지는 않겠다는 용기를 가질 때 우리는 좀 더 넓은 시야를 갖춘 투자자가 될 수 있다.

초보자가 꼭 해야 할
주식공부 스펙트럼

어떻게 보면 주식이란 매우 간단한 원리에 의해서 돈을 버는 방법이기도 하다.

'쌀 때 사서 비쌀 때 판다.'

주식투자에 관한 수많은 조언과 법칙은 바로 이 간단한 원리를 현실에서 구현하기 위한 것이라고 해도 과언이 아니다. 그런데 이를 구현하기 위해서는 수많은 배경지식이 필요하다. 단순히 한 회사의 매출이 높은가 낮은가, 혹은 전망이 있는가 없는가의 문제가 아니라는 이야기다. 이보다는 훨씬 광범위한 스펙트럼을 가진 배후의 지식이 있어야만, 보다 정확한 결정을 내릴 수 있다.

용어에서 시작해
경제의 흐름까지

주식을 전혀 해보지 않았거나, 혹은 지금 막 시작해 여러 인터넷 사이트를 돌아보고 있는 사람들도 있을 것이다. 주식공부는 한편으로 쉽게 생각되기도 하지만, 깊게 파면 팔수록 더욱 어려운 내용들이 많이 있다. 그래서 처음에 어떤 방법을 선택해야 할지 혼란스러울 수도 있다. 지금부터 내가 말하려는 주식을 공부하는 법은 온전히 내가 처음 주식을 시작했을 때의 방법이며, 그때를 되돌아보면서 다시 재정립한 것이다. 나의 공부법이 최선일 수는 없지만, 최소한 돈깡의 시작처럼 공부한다면 실패하는 공부법은 아니라고 확신한다.

평생 주식을 하겠다는 마음을 먹었다면 가장 먼저 해야 할 일이 있다. 기업 가치를 파악하고 좋은 가격에 장기간 투자하는 가치투자를 할 것인지, 아니면 매일 수익을 내는 트레이딩을 할 것인지부터 결정하는 것이다. 장기적으로 트레이더가 되기 결심했으면, 최소한 2년 정도는 온전히 몰입해야 한다.

다만 이때에는 희생해야 할 것도 많기 때문에 정말로 주식으로 내 삶을 바꾸려는 간절함과 투지가 있어야만 한다. 물론 20대라고 하더라도 여러 이유로 전업 트레이딩을 하지 못할 경우, 그리고 책임져야할 것이 점점 많아지는 30대 이후라면 장기간의 가치투자를 할 것을 권한다. 일단 내 삶에서 주식을 어떤 방식으로 가져갈 것인지부터 결정하는 것이 첫 번째 해야 할 일이다.

한 가지 알아 두어야 할 것은 장기 가치투자를 한다고 해서 오히려 마음이 더 편하지 않을 수 있다는 점이다. 트레이딩은 하루 몇 번의 거래만으로 그날의 주식을 끝마치게 된다. 그러니 당일에 모든 희비가 갈리게 되고 내일이면 다시 새로운 마음으로 주식과 만날 수 있다. '어제 잃은 것은 어제 잃은 것이니 오늘은 새롭게 시작해보자!'가 가능하다는 이야기다. 하지만 장기투자의 경우 6개월, 1년까지 투자기간이 늘어난다면 계속해서 마음이 주식에 끌려 다닐 수 있다는 단점이 있다.

이렇게 자신의 주식투자 스타일을 결정했다면 대부분의 사람들이 책을 사보게 된다. 물론 일목요연하게 길잡이를 해주기 때문에 장점은 있지만, 나의 경우에는 책에 의지하기보다는 인터넷 주식 커뮤니티에서 찾은 수많은 정보들이 더 유용했다. 장기투자자라면 《벤저민 그레이엄의 증권분석》이라는 책을 권한다. 주식에 대한 올바른 태도와 관점, 마인드를 기르는 데에 도움이 될 것이다. 어느 정도 주식을 한 사람, 즉 입문한 지 6개월에서 1년 정도가 된 사람이라면 《어느 주식투자자의 회상》이라는 책을 읽어보면 좋다. 미국의 전설적인 투자자 제시 리버모어의 일대기이다.

주식공부에 있어서 용어의 파악은 매우 중요한 과제이다. 기본적인 주식용어, 경제용어 등에 대해서는 그 의미를 확실하게 짚고 넘어가야 한다. 향후 증권사의 리서치 리포트를 읽는 일은 일상이 되어야 하는데, 용어에 대한 공부가 없으면 한 문단도 이해하기가 어렵다. 따라서 리포트에 나오는 내용을 100퍼센트 이해할 수는 없어도, 최소한 모르는 용어가 있어서는 안 된다.

종목만이 아닌 업종에 대한 이해 필요

이런 용어와 함께 배경지식을 쌓는 것이 굉장히 중요하다. 예를 들어 '저금리는 주식가격을 더 비싸게 만드는 요인이 되고, 고금리는 주식가격을 낮추는 요인이 된다'라는 말이 있다. 이것은 경제의 흐름이 주식에 미치는 영향을 설명하는 말인데, 경제 용어와 함께 기본지식을 쌓지 않으면 이해하기 힘들다. 자신이 투자하는 종목이 한 그루의 나무라면, 경제 흐름과 주식과의 연동성은 하나의 큰 숲이다. 내 나무가 잘 자랄 것인지, 아니면 썩어 부러질 것인지를 정확히 알기 위해서는 숲의 상태를 알아야 한다.

그다음으로 하나의 업종을 원벽하게 분석할 수 있는 수준에까지 가야 한다. 이것은 하나의 종목에 대한 이야기가 아니다. 업종을 볼 수 있어야 내가 투자하는 종목에 대한 판단이 가능하다. 예를 들어 카카오 주식만 연구할 것이 아니라, 지금 IT업계의 흐름까지 알아야 한다는 점이다. 따라서 화학, 화장품, 유통, 콘텐츠 등 자신이 관심 있는 분야를 정하고 업종 분석에 들어가야 한다. 나 같은 경우, 주식을 하기 전부터 자동차에 관심이 많았기 때문에 처음에는 자동차 업종을 분석하는 것으로 시작했다. 자신의 직업과 관련성이 있거나 관심 분야에 맞춰 정하면 된다. 그 산업이 어떤 방식으로 돌아가는지, 원청업체와 하청업체의 구조는 어떻게 되어 있는지, 어떤 주기로 산업이 로테이션 되는지, 해당 업종의 가장 큰 위험 요소는 무엇이고, 가장 흔들리지 않는 신뢰의 요소는 무엇인지를 낱낱이 파악할 필요가 있다.

그리고 반드시 필요한 공부가 바로 뉴스에 관한 것이다. 대부분의 주식투자들이 뉴스에 의존해 경제나 업종의 흐름을 판단하고, 이슈에 대해서도 나름의 예측을 한다. 그런데 여기에서 매우 중요한 것은 단순히 뉴스를 읽는 리더reader가 되지 말고 싱커thinker가 되어야 한다는 점이다.

액면 그대로 뉴스를 믿어서는 안 되고 반드시 생각이 동반되어야 한다. 해당 뉴스가 단순히 그 회사에서 뿌린 보도자료를 그대로 쓴 것인지, 혹은 정보의 출저가 정말 신뢰할 만한 관계자에 의한 것인지를 함께 생각해야만 한다. 매우 중요한 정보라고 생각되면 할 수 있는 한 나름대로의 팩트 체크도 해야만 하고, 이 뉴스를 받아들일 대중들의 심리가 어느 쪽으로 움직일지까지 판단해야만 한다.

예를 들어 본다면 언론에 자주 등장하는 단어가 바로 '최초'이다. 최초로 기술을 개발했다거나, 우리 기업 중 최초로 특정 시장에 진출했다는 내용이 주를 이룬다. 이런 내용들은 새로운 미래 전망을 밝혀주는 말이기 때문에 혹할 수는 있지만, 사실 최초라는 것은 말 그대로 '처음'이라는 의미일 뿐, 그것이 어떤 시세를 강하게 밀어 붙이는 힘이 있다는 뜻은 아니다. 뉴스에 만약 '최초'라는 말이 나왔다면 그 자체로 믿기보다는 그 말이 시장에서 가지는 진짜 의미를 살펴야 한다. 또 특정한 소재에 대한 과도한 기대감도 줄여야 한다. 혹여 '그래핀'이라는 소재가 있고, 언론에서도 많이 등장하지만, 그것이 실제 언제 상용화될 수 있는지, 어떤 결과를 가져오는지는 기자들도 잘 모르는 경우가 많다. 따라서 신소재 등에 대한 과도한 기대감도 갖지 않는 것이 낫다.

1~2년에 마스터할
생각은 버리자

　　　　　　　　종합해보자면, 주식공부는 크게 '용어-경제 흐름-특정 종목-특정 산업영역-경제 흐름-뉴스에 대한 판단'이라는 전체적인 스펙트럼을 가지게 된다. 물론 반드시 순차적으로 공부할 필요는 없다. 우선 자신이 관심 있는 산업 영역을 전반적으로 파악하면서 그때그때 모르는 용어를 공부할 수도 있고, 특정 종목을 깊이 있게 파면서 관련 뉴스를 보는 눈을 키울 수도 있다. 여기서 중요한 것은 다양한 영역의 공부를 동시에 해야만 주식을 보는 균형 잡힌 시각이 길러질 수 있다.

　이러한 공부를 하는 데에 걸리는 시간은 대략 어느 정도인가 하는 점도 궁금할 것이다. 나의 경우는 주식에 대해 아무 것도 모르는 '완전 초보'의 상태에서 '아, 이제 어느 정도는 보인다'라는 상태가 될 때까지 약 6개월 정도가 걸렸다. 다른 이들과 차이가 있다면 거의 하루 종일 주식을 공부했다는 점이다. 만약 현재 직업이 있거나, 혹은 거의 대부분의 시간을 주식공부에 투자하기 힘든 경우라면, 빠르면 1년 정도가 걸린다고 봐야 하며, 어느 정도의 시간을 투자하느냐에 따라서 2년, 3년이 될 수도 있다.

　주식공부에 관해 마지막으로 해주고 싶은 이야기는 '긴 호흡으로 가야 한다'라는 점이다. 그 어떤 분야든 짧은 시간 안에 마스터할 수 있는 것은 없다. 소위 '명인'이니 '장인'이니 하는 사람들은 붓한 자루를 만들더라도 거의 평생을 바칠 각오로 정성을 들였기에 그 반열에 오르게 된 것이다. 주식투자는 그 정도까지는 아니겠지만, 1~2년 안에 마스터해서 오로지 주식만으로 나의 생계를 꾸리겠다는 생각은 버려야 한다. 물론 드문 케이스가 있기는 하지만, 말 그대로 매우 특별한 경우이다. 마치 물 흐르듯이 '나는 지금 주식을 경험하고 있다'는 생각을 하면서 사고팔기를 서서히 연습하고 앞서 언급했던 다양한 스펙트럼의 공부를 병행해야만 한다.

동전주와 비트코인,
상상력의 영역에서 헤매지 않길

나 자신도 그랬지만, 대부분의 초보 투자자들은 동전주라 불리는 종목으로 거래를 시작한다. 초보자는 시드머니가 많지 않기 때문에 동전주처럼 가격이 싼 주식이라면 부담 없이 매수할 수 있다. 그래서 동전주는 진입장벽이 무척 낮다.

동전주에는 일명 테마주라 불리는 종목도 속한다. 모든 테마주가 동전주는 아니다. 낮은 가격에 형성되어 있으면서도 그때그때의 사회적 변화, 기술적 발전 등을 반영하고 있는 주식들을 동전주이자 테마주로 분류한다. 테마주는 동전주와 마찬가지로 심리적인 부담이 적다. 주식에 대해 깊은 고민을 하지 않아도 대략 뉴스와 이슈, 전문가들의 조언을 종합해보면 향후 시세가 오를지 오르지 않을지를 나름대로 예측해 볼 수 있기 때문이다.

그런데 동전주, 혹은 테마주를 거래하는 이유는 낮은 가격 때문만이 아니다. 변동성이 크다는 특징도 무시할 수 없다. 나 역시 투자 초기에 빠르게 수익을 얻기 위한 목적으로 거래를 한 적이 있었다. 변동성이 많지 않은 대형 주식들을 가지고 있기에는 답답하고, 빠르게 수익을 얻었다는 '감동'을 받기 위해서였다. 한 번 이런 경험을 해본 투자자들은 동전주에서 헤어나지 못하기도 한다.

하지만 주의해야 한다. '투기적 성향'이 싹틀 수 있기 때문이다. 그 배경에는 '상상력'이 존재한다. 몇 가지 얻은 정보를 조합하여 동전주의 미래를 상상하다 보면, 합리적 근거가 뒷받침되지 않은 상승장이 머리에서 그려진다. 비트코인은 이러한 상상력의 결정체라고 할 수 있다. 당장 얼마 가지 않아 비트코인으로 결제를 할 수 있을 것만 같은 추측의 영역이 열리면서 투기의 바람에 빠져들게 된다.

물론 비트코인은 가치 저장소로서의 역할이 있기 때문에 '완전한 거품'이라고 보기는 힘들지만, 실제 가치보다 과열되어 있는 것은 분명하다. 초보자들이 비트코인의 강한 변동성에 상상력을 결합한 채 시장에 뛰어들고 있어 안타깝다.

향후의 시세를 '판단'하는 것과 그 시세에 대한 '상상'의 나래를 펴는 것은 다른 말이다. 전자는 현실에 근거가 있지만, 후자는 내 마음에 근거가 있다. 초보 투자자일수록 판단과 상상을 구분할 수 있는 능력을 키워야만 한다. 처음 시작할 때 만들어진 자세가 결국 투자의 성패를 좌우하기 때문이다.

매매일지, 나와 또 다른 나의
간극을 줄이기 위해

　세상에서 나를 가장 잘 아는 사람은 나여야만 한다. 나는 나와 함께 20년, 30년을 살아왔으며, 남들이 모르는 나 자신의 모습을 누구보다 많이 알고 있다. 그러나 실제로는 내가 나를 잘 모르는 경우가 많다.

　'나는 어떤 사람인가'를 곰곰이 생각해봐도 여러 가지 모습 때문에 진짜 나를 잘 모를 수 있다. 그래서 때로는 '남들이 보는 내 모습이 진짜 내 모습'일 수도 있다는 생각을 해본다. 주식을 하지 않는다면 어쩌면 이런 복잡한 질문에 성실하게 대답하지 않아도 될 것이다. 원하는 목표가 있고, 하루하루를 열심히, 행복하게 살아간다면 굳이 '나는 어떤 사람인가'에 답할 필요는 없을 수도 있기 때문이다.

그러나 주식에 있어서 내가 나를 모르면 그것은 곧 필패의 길로 이어진다. 그래서 절실하게 필요한 것이 녹화된 매매일지이며, 이 것을 얼마나 끈질기게 반복적으로 볼 수 있느냐에 따라서 승부가 갈린다고 확신한다.

왜 내가 아닌 내가
튀어나올까

주식을 한다는 것은 사람이 느낄 수 있는 가장 극도의 긴장된 상태, 가장 자극적인 환경에 놓인다고 할 수 있다. 마치 시야가 확장되는 것을 막기 위해 눈을 가린 경주마 가 오로지 질주만 하는 느낌이랄까? 경주마는 그렇게 해야만 잘 뛸 수 있겠지만, 주식을 하는 우리는 매매를 위한 두뇌를 입체적으로 풀가동해야 하는 상태이다. 따라서 경주마처럼 뛰어서는 절대 안 된다. 그런데 돈이 오가는 상황에서는 나도 잘 모르는 모습이 나를 지배하는 경우가 종종 있다. 즉, 나를 객관화시켜 바라볼 수가 없 게 되고, 오로지 숫자에만 집중하면서 내 마음이 마구 휘둘린다.

주식에 관한 여러 가지를 조언을 듣다 보면 "매매일지를 적어야 한다"고 말하는 사람들이 많았을 것이다. 매매구분, 매수일자, 체결단가, 체결수량, 매매비용, 매매이유 등을 주욱 적어 놓은 엑셀 양식이 일반적이다. 물론 이러한 매매일지도 분명 도움이 되지만, 내가 적극적으로 권하는 것은 바로 '녹화된 매매일지'이다. 아침에 장이 시작했을 때부터 장이 끝날 때까지 나의 모든 움직임이 고스란히 녹화되어 있는 영상을 봐야만 한다. 가장 중요한 것은 진입 시기와 청산 시기이다. 내가 어느 순간에 진입을 하는지, 그리고 왜 청산을 하는지를 다시 되짚어가야 한다. 나도 처음에 이것을 하면서 꽤 놀란 적이 많았다.

'아니, 내가 왜 저 순간에 진입한 거지? 도저히 진입할 때가 아니잖아!'

'저 때는 왜 매도를 한 거야? 도대체 말이 안 되잖아!'

처음에는 공포영화를 보는 것 같았다. 책상에 앉아 매수와 매도를 하는 사람은 분명히 나인데, 나중에 그것을 돌려 보면 마치 전혀 다른 사람처럼 행동하고 있었기 때문이다. 화면 속에 내가 아닌 내가 등장하는 것은 그 순간 경주마처럼 본능적으로만 행동했기 때문이다. 사고가 정지되고, 판단력은 마비된다. 마치 숨겨진 내가 기회를 엿보다 튀어나온 듯, 나는 평소와는 전혀 다른 나의 모습으로 변하고 말았다.

녹화된 매매일지를 반복해서 돌려 보는 것은 주식을 할 때 '본능에 휩싸인 나'의 모습을 파악하기 위한 것이다. 당시의 판단이 어떻게 변해갔는지, 무엇을 위해 클릭하는지를 알기 위해서이다. 그런데 이런 자신의 모습을 바라보는 것은 상당히 괴로운 일이기도 하다.

돈보다 강한
게으름

꼭 주식이 아니더라도 내가 어떤 상황에서 했던 행동들을 CCTV로 돌려본다고 생각해보라. 친구들과 취하도록 술을 마시면서 하는 나의 행동, 혹은 누군가와 말싸움을 할 때의 나의 모습을 '흥미롭게' 되돌려 보고 싶은 사람은 그리 많지 않을 것이다. 그런데 만약 정말로 인내심을 가지고 자신이 그때 했던 행동을 되돌려보고 반성하고 성찰할 수 있다면 어떨까? 아마도 그다음 술자리에서 조심할 것이며, 누군가와 말싸움을 할 때에는 훨씬 자신을 잘 절제하면서 싸움이 아닌 대화로 풀어갈 수 있을 것이다.

녹화된 매매일지를 되돌려보는 이유는 바로 여기에 있다. 흥분을 잠재우고, 극도의 긴장 상황에서도 두뇌가 풀가동되는 상태를 유지하는 것, 섣부른 진입과 청산을 방어해내기 위한 것이다. 그리고 더 중요한 것은 바로 자신이 실패한 원인 그 자체를 찾아내는 일이다. 실수를 두 번 다시 하지 않기 위해 내 실패를 인정하고, 그 원인을 찾아 제거해야 한다. 물론 여기에서 또 한 번의 괴로움이 생긴다. 손실된 계좌를 다시 봐야 하고, 투자금을 잃었을 당시의 쓰라린 경험을 반복해야 하기 때문이다. 하지만 괴로울수록 얻는 것이 많고, 원인을 찾아낼수록 자신의 매매기법을 더욱 정교하게 만들어 나갈 수 있다.

워런버핏은 이런 이야기를 한 적이 있다.

"위험은 자신이 무엇을 하는지 모르는 것에서 온다."

녹화된 매매일지는 '내가 무엇을 하는지를 알기 위해서' 하는 것이다. 따라서 이 습관만 잘 들여놓아도 최소한의 위험에서는 벗어날 수 있다. 그런데 이 녹화된 매매일지에 관한 한 가지 매우 이상한 일이 있다. 나는 수없이 '주식 성공의 비결 중 하나는 녹화된 매매일지에 있다'고 말해왔고, 그것을 반드시, 꾸준히 하라고 조언한다.

이상한 것은 여기에 있는데, 꾸준히 실천하는 초보 투자자들이 거의 없다는 점이다. 그들은 돈을 벌고 싶고, 주식에서 장기적으로 성공을 하고 싶음에도 불구하고 성공을 위한 지름길을 스스로 걷어차곤 한다. 한번은 '도대체 왜 사람들은 조언을 받아들이지 않을까'라는 점을 곰곰이 생각해보았다. 그것은 생각보다 강한 '게으름의 힘' 때문이라는 나름대로의 결론을 내렸다.

대체적으로 초보자들이 주식에 투자하는 돈의 액수는 제각각이지만, 그래도 최소 2000만~3000만 원으로 시작하는 경우가 많다. 그런데 이 돈을 노동으로 모으기 위해서는 엄청난 시간과 노력이 들어감에도 불구하고, 가진 돈을 모두 잃을 수도 있는 위험한 시장에 들어오면서 '편하게 돈을 벌고 싶다'고 바란다. 어쩌면 그들은 이미 주식시장 자체를 '어렵지 않게 돈을 벌 수 있는 곳'으로 인식했을 것이다. 그러니 게으름이 부풀어 오르고, 녹화된 매매일지를 보는 일은 귀찮고 하기 싫은 일에 불과해진다. 그들에게 주식은 하나의 '마법'일 뿐, 치열한 노동을 해야 하는 '일'이 아닌 셈이다.

미국의 전설적인 투자자였던 제시 리버모어는 전 세계 증시에서 가장 유명했던 인물이기도 하다. 엄청나게 많은 돈을 벌기도 했고, 잃기도 했지만, 늘 재기에 성공했다. 그런데 그가 마지막으로 선택한 것은 바로 호텔에서의 권총 자살이었다. 그는 더 이상의 스트레스를 견딜 수 없다는 내용을 유서로 남겼다.

주식시장을 '편하게 돈 벌 수 있는 곳'으로 여기는 것은 세상의 수많은 착각 중에서도 가장 큰 착각 중의 하나이다. 제시 리버모어와 같은 주식의 대가 역시 끊임없이 공부를 했으며 그가 말했던 성공하는 투자법칙 중의 하나는 바로 이것이었다.

"매일 일정 시간 동안 주식 연구에 전념하라."

그냥 공부하라는 것이 아니라 '전념'에 주목해야 한다. 혹시 누

군가가 나에게 '초보 투자자들에게 꼭 하고 싶은 단 하나의 조언을
해준다면?'이라고 묻는다면 또다시 이렇게 대답할 것이다.

"장이 끝난 뒤에 반드시 녹화된 매매일지를 보라. 매일, 한 달,
일 년만 본다면 반드시 성공하는 투자자가 될 수 있을 것이다."

개장 전, 아직 켜지지 않은 모니터 앞에서

주식투자는 머니게임이 아니다
생각과 맷집의 게임이다

불로소득이 아닌, 극한의 근로소득을 위해

엘라 윌콕스Ella Wheeler Wilcox의 〈고독〉이라는
시의 첫 구절은 이렇게 시작한다.
"웃어라. 온 세상이 너와 함께 웃을 것이다.
울어라. 너 혼자만 울게 될 것이다."

주식시장에서 실패한 개인의 상황을 이처럼 잘 표현한 문구도 없을 듯하다.
주식시장에서 돈을 잃었다고 당신과 함께 슬퍼해 줄 사람은 아무도 없다.
아무리 많은 돈을 잃었다고 하든, 그 누구도 동정해주지 않는다.
'내가 앞으로 시장에서 다시 돈을 벌 수 있을까?'라는
의문이 들기 시작하면 이미 깊은 비관에 빠진 뒤다.

하지만 그때부터 다시 해야 하는 것이 초심으로 돌아가는 일이다.
편견에서 벗어나고, 생각을 자유롭게 만들어 다시 시나리오를 짜야 한다.
시장에서 울리는 예민한 신호와 소음을 구분해야 하고
한두 번의 타격에도 물러나지 않는 강한 맷집도 갖추어야 한다.

만약 청춘의 나날들에서 이것을 갖춰놓을 수 있다면,
우리는 더 지혜로우면서도 풍요로운 사람이 되어
평생 마음껏 주식시장을 유영할 수 있을 것이다.

주식시장에서는
누구나 원하는 것을 얻는다

워런 버핏, 조지 소로스, 윌리엄 오닐……

주식투자를 공부하는 사람이라면 누구나 한 번쯤은 들어봤을 전설적인 대가들이다. 그런데 이들 못지않은, 가치투자를 하면서 시스템 트레이딩의 리더였던 또 한 명의 고수가 있다. 바로 에드 세이코타 Edward Seykota. 그가 했던 명언 중에 이런 것이 있다.

"주식시장에서는 누구나 원하는 것을 얻는다."

처음에 이 말을 듣고 잘 이해가 가지 않았다. 주식에서 누구나 원하는 것은 돈이다. 그런데 이걸 '누구나 얻는다'고? 하지만 수많은 실패자가 있는데 누구나 원하는 돈을 얻는다는 논리는 말이 되지 않는다. 그렇다면 '너도 원하는 것을 얻을 수 있으니 한번 열심히 해봐'라는 희망 섞인 조언일까? 주식 초보 딱지를 떼고 서서히 계좌에 돈이 불어갈 즈음, 나는 그 의미를 이해할 수 있었다.

"돈깡아, 나 주식 좀 가르쳐주지 않을래?"

내가 주식으로 돈을 벌기 시작하자, 내 주변 사람들도 주식에 관심을 가지기 시작했다. 20대 초반에 또래의 아이들은 상상도 못할 1억 원이 넘는 돈이 있었으니 충분히 그럴 수 있었다. 늘 반에서 1등을 했던 고등학교 친구도 그랬다. 좋은 대학에 가서 그 누구도 부러워하지 않았지만, 유일하게 나를 부러워했다. 어느 날 친구가 단도직입적으로 물어봤다.

"돈깡아, 나 주식 좀 가르쳐주지 않을래? 내가 학교 공부했던 방식이라면 주식공부도 금방 할 수 있지 않겠어?"

공부와 돈은 다른 영역이지만, 그 친구는 공부에서 성공했으니, 돈에 대한 성공도 바랄 수 있겠다 싶었다. 거기다가 공부를 잘한다는 것은 기본적으로 학습 능력이 뛰어나고 인내심이 강하고 목표를 성취하고자 하는 열망도 높아야 가능한 일이다. 주식에서도 이런 능력은 필수다. 그래서 그 친구는 주식을 할 수 있는 최적의 조건을 애초에 갖추고 있었는지도 모른다고 생각했다.

"자, 그러면 여기 모니터 앞에 앉아봐. 그럼 오늘부터 내가 한 수 알려주지!"

겨우 돈을 벌기 시작한 나였지만, 마치 고수라도 되는 양 하수 한 명을 키워보기로 했다.

친구는 이해력은 매우 빨랐다. 마치 수학 문제를 풀 듯 빠르게 차트를 읽고 분석했으며, 과학 문제를 풀 듯 척척 원리를 적용해 나가기 시작했다. 그런데 며칠이 지나자 친구에게 전에 없던 모습이 보이기 시작했다. 평소에 화를 내거나 흥분하는 모습을 거의 보이지 않는데, 주식을 할 때만큼은 유독 흥분을 하거나 화를 내는 모습을 자주 보였다. 거기다가 분명 손절해야 할 타이밍인데 손절하지 못했고, 분명 최고점 직전인 어깨에서 팔라고 했건만, 그 친구는 어깨너머 한참을 기다리곤 했다. 거기다가 처음에는 2~3개의 종목에만 집중하라고 했더니 자꾸만 10개 정도의 종목에 집중력 없는 분산투자를 하고 있었다.

"야, 너 왜 내가 시키는 대로 안 하냐? 하수가 자꾸 그렇게 자기 마음대로 하면…… 그게 되겠냐?"

하지만 친구는 내 말을 잘 이해하지 못하는 듯했다.

"어, 그래? 나는 그냥 정석대로 하는 거 같은데……."

그때 나는 알게 됐다. 에드 세이코타의 명언, "주식시장에서는 누구나 원하는 것을 얻는다."라는 말의 진짜 의미를.

당신이 진짜 원하는 것은 무엇인가

상식적으로 보자면 술은 취하기 위해 마시는 것이다. 그렇게 되면 좋은 분위기에서 즐겁게 웃고 떠들 수 있고, 스트레스도 풀 수도 있기 때문이다. 하지만 모든 이가 그렇지는 않다. 어떤 이는 누군가에게 시비를 걸 용기를 얻기 위해 마시기도 하고, 또 다른 이는 준비된 울음을 터뜨리기 위해 마시기도 한다.

주식도 마찬가지다. 우리는 모든 주식투자자들이 '돈'을 원한다고 생각하지만, 사실 그 이면을 들여다보면 꼭 그렇지도 않다. 어떤 이들은 돈이 아닌 흥분감을 원하거나, 매수와 매도 사이에서 발생하는 극도의 스릴감을 원할 뿐이다. 그들에게 주식은 투자가 아닌 그저 도박에 불과하다. 투자원칙을 지키는 사람은 돈을 얻지만, 주식을 도박으로 대하는 사람은 돈 대신 흥분감을 얻는다.

결국, 투자자들은 자신의 행동 양식에 따라 반드시 무엇인가를 얻게 되어 있다. 바로 이것이 '누구나 주식시장에서 원하는 것을 얻는 이유'였다. 공부 잘했던 내 친구를 지배했던 것은 흥분과 스릴감이었다. 공부를 잘하게 했던 그의 인내심과 착실함의 이면에 억압되어 있었던 본능적인 흥분과 스릴감이 주식을 통해 터져 나왔던 것이다.

주식의 투자 과정은 '나의 본성'과 마주하고, 그것을 드러내는 일이다. 더불어 그것이 투자 스타일이 되고, 투자의 성패를 좌우하는 계기가 된다. 누구나 몇 개월 정도만 주식공부를 하면 대충 원리를 알게 된다. 특정 종목을 연구하다 보면 누구나 향후 추세 정도는 어렵지 않게 예상할 수도 있다. 그러나 '나의 본성'이 무엇을 하느냐는 다른 문제이다.

컴퓨터 앞에서, 혹은 주식투자 앱을 보면서 다시 한 번 물어보아야 한다. '나'가 아닌, '나의 본성'은 무엇을 원하는지, 평상시에 남들에게 보여지는 나가 아닌, '나만 알고 있는 나'가 어떤 행동을 하고 싶은지를 말이다.

겜블러와
투자자의 차이

내가 해외여행을 할 때 카지노에 가본 적이 있었다. 주식에서 오는 재미를 베팅에서는 느끼지 못해 몇 번 해본 후로는 곧 흥미를 잃었다. 주식을 할 때 대체로 호전적이거나 공격적인 성향의 사람은 겜블러의 기질이 강하다고 볼 수 있다. 주식의 행위 자체로 행복을 느끼며, 합리적 투자자와는 전혀 다른 행동방식을 취한다. 예를 들면 다음과 같다.

- 매매를 할 때 고민한다.
- 매수·매도에 어려움을 느낀다.
- 손실을 보면 원인을 파악하고 대처하려고 한다.
→ 나는 투자자다.

- 매수·매도 버튼을 누르는 것이 좋고 재밌다.
- 그럴 때면 살아있음을 느끼고 아드레날린이 방출되는 것 같다.
- 손실을 봤지만 그저 운이 따르지 않았을 뿐이다.
→ 나는 겜블러다.

만약 자신이 겜블러라 판단되고 이러한 성향 자체를 고치기가 힘들다고 생각되면 "가차 없이 주식을 접으라"고 말하고 싶다. 시장에서 오래 살아남는 투자자는 대체로 보수적으로 자금을 운용하고, 보수적으로 진입과 청산을 반복한다. 이들은 1~2년 단기로 승부를 볼 생각보다는 장기적인 관점으로 접근한다.

'내가 돈 번 이유'를
설명할 수 없다면 실패한 투자다

주식시장에 사람들이 몰리는 또 하나의 이유는 바로 '대박 신화' 때문이다. 5배, 10배 급등해서 돈을 벌었다는 놀라운 이야기를 들은 후 '혹시 나도 가능하지 않을까?'라는 행복 회로를 돌린다. 상상력은 점점 더 커지게 되고, 매수량도 점점 많아지게 된다. 투자금액이 클수록 뻥튀기 되는 돈도 크다는 단순 논리에 빠지고, 결국 매매중독의 상태에서 팔고사기를 반복하다가 결국 멘붕이 온다. 한 가지 명확히 해야 할 것은 아무리 주식투자로 많은 돈을 벌었다고 해도, 내가 어떻게 돈을 벌었는지를 명확하게 설명할 수 없다면, 그 투자는 실패한 투자라고 봐야만 한다.

내 투자를 지키는 생명의 논리,
매매 시나리오

길을 가다 갑자기 버려진 지갑을 발견해서 500만 원이라는 큰돈을 번 사람이 있다. 순간, 그 사람은 깊은 진리(?)를 깨달았다. 버려진 지갑만 잘 찾으면 힘들게 일하지 않고도 돈을 벌 수 있다는 사실을 말이다. 이후 그 사람은 매일 아침 지갑을 찾기 위해 길을 나선다……

이 우화 같은 이야기가 매일 주식시장에서 벌어지고 있다. 운 좋게 주식시장에서 갑작스러운 이익을 낸 사람이 계속해서 그 운을 믿으며 투자를 반복하는 행위다. 그것을 그저 한 번의 운이라고 치부하고 투자를 그만두었다면 주식에 대한 기억이라도 좋았을 것을. 그렇지 않고 계속해서 길거리에서 버려진 지갑을 찾는 사람이 되는 어리석음을 범하는 주식투자자들이 넘쳐난다.

주식투자란 본질적으로 '내 예측이 맞느냐, 맞지 않느냐'의 게임이다. '쌀 때 사서 비싸게 판다'는 주식의 대전제 뒤에는 바로 수십 가지의 변수를 뚫어내는 예측의 영역이 존재한다. 주가가 오르거나 내리는 것에 대한 예측, 어디까지 갈 것인가에 대한 예측, 그리고 어디에서 꺾일 것인가에 대한 예측이 맞아야만 승리하는 것이 주식투자. 그래서 투자자들은 계속해서 나의 예측이 맞는지를 테스트해야 하고 그 안에서 자신만의 확실한 논리의 전개법을 찾아내야만 한다. 가진 자와 가지지 못한자로 결국 고수와 하수를 결정하게 된다.

이 예측은 바로 '매매 시나리오'라는 것으로 구체화된다. 단 한 줄의 뉴스로 오늘 뜰 수 있는 종목을 찾아낼 수 있는 예리함을 갖추고 오늘 왜 그 주식이 오를 것인지에 대한 시나리오를 짤 수 있어야 한다. 그리고 정말로 내 생각대로 주식이 오를 때, 이 매매 시나리오가 완성된다. 이러한 경험을 수도 없이 반복해야 하고, 만약 실패한다면 그 원인을 찾아내야 한다. 이 과정은 '나의 생각'과 '시장의 움직임'을 끊임없이 일치시키는 과정이라고 보면 된다. 그리고 이것의 일치도가 점점 높아지면 높아질수록, 우리의 계좌는 우상향으로 존재를 증명할 것이다.

급등주라는
어리석은 유혹

그래서 나는 자신만의 매매 시나리오로 실패한 사람이, 우연하게 돈을 번 사람보다 훨씬 더 가능성이 많은 사람이라고 생각한다. 전자는 계속해서 매매 시나리오를 보강하면서 자신만의 확고한 방법을 만들 수 있지만, 후자는 아무리 세월이 흘러도 매매 시나리오를 만들지 못하기 때문이다.

매매 시나리오가 없는 상태에서는 '급등주'라는 유혹에 빠지기가 쉽다. 급등을 한다는 것은 그만큼 빠르게 많은 돈을 번다는 말이기 때문에 끌리지 않을 수 없다. 그리고 그 급등주는 매우 단순한 원리에 의해 설명되기 때문에 더욱 유혹적이다. 예를 들어 'A자동차의 미국 시장 판매 실적이 성장했으니, 당분간 주가가 오를 것이다', 혹은 '정부에서 건설 경기를 부양하니까 시멘트주들이 오를 것이다'와 같은 말들이다. 초등학생들도 알아들을 수 있는 내용이기 때문에 확신은 더 강해지고, 그럴수록 '투자하지 않으면 나만 손해'라는 생각이 휘몰아친다. 그러나 이러한 단순한 논리 앞에서 생각 가능한 수많은 변수의 모습들이 자취를 감추는 착시현상이 일어난다.

자동차 시장에서는 딜러 마진을 깎아주면서 시장점유율을 높이는 경우가 있기 때문에 판매 실적이 늘어나도 회사의 실질적인 영업이익은 오히려 떨어졌을 가능성이 있다. 그렇다면 당연히 주가가 강세를 이룰 수 없다. 또 정부에서는 건설 경기를 부양하기 전에 철저한 구조조정을 할 가능성이 있어 겉으로는 이상 없어 보였던 시멘트 회사들이 건설 경기부양 시작과 동시에 그간의 상환 압박을 견디다 못해 쓰러질 수도 있다. 이런 세세한 변수를 찾아내기 힘들기 때문에 무조건 '급등주'라면 투자를 하게 되고, 결국 현실의 주가는 급락해 쪽박을 차는 상황에 처하게 된다.

매매 시나리오는 내 투자금을 지키는 울타리와 같은 역할을 한다. 대중들의 맹목적 투자 앞에서 과도한 흥분을 가라앉히게 해주고, 근거 없는 매도와 매수의 행태와 멀어지게 해준다. 매매 시나리오, 그것은 주식시장에서 나를 살리는 생명의 논리이다.

개장 전, 아직 켜지지 않은 모니터 앞에서

주가를 바라보는
넓은 시야가 필요한 이유

투자자에게 '호재'라는 말만큼 잔뜩 기대감을 주는 말도 없을 것이다. 더구나 호재의 논

리는 매우 단순하고 명쾌해서 빠져들기도 좋다. 실제로 있었던 사례를 보자.

A라는 국내 대기업이 B라는 글로벌 회사에 배터리를 납품하게 되었다는 소식이 전해졌

다. 이는 A 기업의 주가가 오를 수 있는 '호재'로 작용하여 투자자들의 기대심리가 급격

하게 상승했다. 주식이 오를 것으로 생각하고 너도나도 투자를 하거나 기존의 투자금을

늘렸다. 그런데 실제로 주식가격은 떨어지고 말았다. 누가 봐도 실적이 개선될 수 있는

호재인데, 오히려 A 기업의 주가가 떨어진 이유는 무엇일까?

주가 변동의 이면에는 글로벌 자금의 움직임이 있었다. 당시 미국 시장의 금리가 낮아

졌기 때문에 기관투자자들은 주식비용을 줄여야 한다는 이유로 도리어 자금을 뺀 것이

다. 이 여파가 A 기업의 주가를 떨어뜨린 요인이 되었다.

이렇듯 일반 투자자가 글로벌 자금의 흐름을 알지 못하면, 호재가 발생했음에도 주가가

떨어지는 현상을 도저히 이해할 수 없다. 주가를 볼 때에는 단순히 '호재'라는 관점보다

는 넓은 시야를 가지고 다른 요인을 더해야만 정확한 예측이 가능해진다는 점을 기억해

야 한다.

외부에서 찾았지만,
결국 답은 내 안에 있는

처음 주식을 할 때 나를 가장 많이 괴롭혔던 것은 나의 예측이 맞거나 틀리는 것, 혹은 돈을 벌거나 잃는 것이 아니었다. 오늘 돈을 벌어도 내일 잃을 수 있다는 상시적인 불안감, 그리고 다른 사람들은 다 수익을 실현하는데, 나만 못하면 마치 내가 바보가 된 것 같은 열등감이었다. 물론 불안과 열등감은 꼭 주식이 아니더라도 느끼는 감정이지만, 여기에 돈이 결합되면 그 충격의 강도는 한층 더 세질 수밖에 없다.

하지만 나를 비롯한 어느 누구라도 이런 심리적 갈등을 계속해서 견뎌내기는 힘들다. 그래서 찾기 시작하는 것이 바로 '심리적 우위 요소'라는 것이다. 나의 마음을 안정시켜주는 어떤 기준. 주식 시장의 변동성에서도 그나마 믿고 의지할 수 있는 잣대. 나 역시 한동안 그것을 외부에서 찾아 헤맸지만, 결국 뒤돌아보면 그 심리 적 우위 요소는 결국 나의 경험 속에서, 내가 만들 수밖에 없는 것 이었다.

전 세계 통계학자들이
답을 못 만든 이유

주식을 시작하던 초창기에는 '주식으 로 돈을 벌었다'는 누군가의 이야기를 들으면 나에게도 희망이 샘 솟았다.

'나도 저렇게 벌 수 있겠지?'

그런데 내가 돈을 잃은 후에는 같은 말을 들어도 다른 생각이 들었다.

'저 사람은 벌었다는데 도대체 나는 뭐지?'

이러한 감정들은 한 번으로 그치는 것이 아니라, 다음 주식투자 에도 부정적인 영향을 미친다.

'또 잃으면 어떻게 하지? 또 나만 못 벌면 어떻게 하지?'

이러한 상황에서는 누구라도 갖고 싶은 것이 바로 패턴과 지표라는 심리적 우위 요소이다. 일단 알고 있으면 마음이 든든해지는 것. '한번 해볼 만하겠다'라는 생각이 들게 하는 유용한 도구들이다. 다행히도 이런 것들은 수십, 수백 개나 된다.

'삼중바닥형, 이중바닥형, 원형바닥형, V자바닥형, 강세박스권, 상승삼각형, 확장삼각형……'

처음에는 이런 패턴들을 공부하면서 나보다 앞서 주식을 했던 사람들에게 고마움을 느끼지 않을 수 없었다. 그들의 노고가 고스란히 담겨 있는 빛나는 결과물을 나는 공짜로 활용할 수 있기 때문이다. 그런데 문제는 이러한 패턴과 지표를 나만 공부할 수 있는 것이 아니라는 점이다. 인터넷에 널리고 널려 있으며 누구나 접근할 수 있는 것들이다. 그때부터는 의심이 들기 시작했다.

'정말로 제대로 된 것들이라면, 이걸 공부하는 모든 사람들이 다 돈을 벌어야 하지 않을까?'

예를 들어 수능시험의 정답이 모두에게 공개되어 있다면, 모두가 좋은 점수를 받아야 하는 것은 당연한 일이다. 그런데 현실에서 모두가 좋은 점수를 받지 못한다면 그 이유는 딱 하나다. 공개된 정답이 정답이 아니었던 것이다.

패턴과 지표에 대한 나의 의심은 서서히 확신으로 기울어지기 시작했다. 이후에도 많은 공부를 한 뒤에 내가 내린 결론은 이것이다.

'이런 통계와 확률로 만들어진 패턴이 정말로 의미가 있다면, 전 세계의 많은 통계학자들이 주식시장을 가만히 놔둘 리가 없다!'

그렇지 않은가? 통계와 확률만 적용하면 돈을 펑펑 벌어갈 수 있는 금맥이 널려 있는데, 왜 통계학자들이라고 그 비밀을 밝히고 싶지 않겠는가? 어쩌면 전 세계의 똑똑한 통계학자들이 맞춰내는 정확성에 이미 세계의 주식시장은 두 손 두 발 다 들었을 것이다. 하지만 그런 일은 여전히 일어나지 않고, 통계학자들은 여전히 그 비밀을 밝혀내지 못하고 있다.

인풋은 같아도, 아웃풋은 다르다

실제로 이런 문제의식을 가지고 주식시장에서 추출한 2만 건의 데이터로 우리나라를 비롯해 미국, 영국 등 전 세계의 주식시장에 대입해본 연구가 있었다. 이 연구의 목적은 '주식과 관련된 특정한 패턴이 어떤 통계적인 우위가 있는가?'였다. 연구의 동기는 매우 흥미진진하지만, 그 연구의 결과는 너무도 허무했다. 그 2만 건의 데이터는 모조리 무력화되었고 딱 하나, '52주 신고가와 신저가'만이 유일하게 의미가 있었다.

52주 신고가와 신저가는 이렇게 정의된다.

지금으로부터 52주 전, 그러니까 딱 1년 전 주가를 살펴서 오늘의 주가보다 높다면 앞으로 더 오를 수 있는 '상승우위'가 있는 것이고, 반대로 오늘의 주가보다 낮다면 더 떨어질 수 있는 '하락우위'가 있는 것이다. 언뜻 믿고 의지할 수 있는 유력한 잣대처럼 보이기도 하지만, 안타깝게도 그것마저 하나의 '가능성'일 뿐이다. '상승우위가 있다'고 반드시 '상승한다'는 것은 아니고, '하락우위가 있다'고 '하락한다'는 것도 아니다. 모든 것은 그저 통계에서 추출된 '가능성의 가능성'일 뿐, 결코 현실을 보장해주는 것은 아니기 때문이다.

패턴과 지표라는 심리적 우위 요소가 무력화된 다음으로 의지하게 된 것이 있으니 소위 '전문가의 전망'이다. 온갖 방송의 출연진과 전문가라고 하는 유튜버들의 조언에 홀릭하다 보면, 주식이라는 밀림에서 길이 뻥뻥 뚫리고, 밝은 세상이 열리는 것 같은 느낌이 들기도 한다. 소위 '주린이'들의 입장에서는 전체 주식시장의 맥을 잡을 수 있도록 도움을 받을 수는 있다.

그런데 중요한 점은 정말로 깊은 통찰력을 가지고 있는 사람은 극소수일 뿐이라는 점과, 설사 그 소수의 말을 완전히 받아들인다고 하더라도 자신의 성공을 개척하기는 힘들다는 점이다. 그 이유는 결국 주식이란, '자신의 기질에 맞는 값과 기준을 찾아가는 게임'이기 때문이다.

아무리 '고수'라고 칭해지는 사람들의 조언을 따라 한다고 한들, 그것은 하나의 방향등일 뿐, 성공 투자로 가는 지름길이 될 수는 없다. 사람은 각자가 가진 생각의 방향, 마음의 습관, 행동의 방법이 다 달라서, 아무리 똑같은 인풋이라고 하더라도 결국 아웃풋은 각양각색이다. 따라서 고수들의 말 자체는 정답에 가깝다고 하더라도, 내가 그것을 적용시키는 순간에 나의 생각, 습관, 행동에 따라서 다시 '가능성의 가능성'이 된다.

아무리 의지할 곳을 찾으려고 해도 그러한 것을 찾기 힘든 세계. 그것이 바로 주식투자의 세계이다. 하지만 그렇다고 주식시장을 '답이 없는 세계'라고 단정하거나, '아무리 공부해봐야 예측이 불가능한 것 아냐?'라고 속단할 필요는 없다. 타인의 목소리에 이끌려 일방적으로 선택하는 정답이 신기루라는 이야기일 뿐, 당신이 불안과 열등감을 견디면서 만들어내는 그 생생한 데이터의 값과 몸으로 부딪쳐 알아낸 투자의 기준은 분명 그 누구도 범접할 수 없는 투자의 정석이자 정답이 될 수 있기 때문이다.

주식시장에서는 "그 누구도 믿지 말아야 한다"는 말이 있다. 이 말은 누군가를 불신하라는 의미가 아니라 스스로 찾아낸 답이 아니면, 결코 답이 될 수 없다는 의미이다. 결국 내가 믿고 의지할 수 있는 우위의 요소들은 나 스스로 만들 수밖에 없고, 내 안에 있다는 사실을 믿어야 한다.

나만 보지 말고
'나와 함께 뛰는 자'를 보라

주식에 관한 매우 큰 착각 중의 하나는 '나만 잘하면 된다'는 것이다. 얼핏 보기에 주식투자는 내가 선정한 특정 종목에 내가 투자하는 것으로 승부를 보는 게임처럼 보인다. 그래서 '나와 내가 선정한 종목'이라는 일 대 일의 대결로 여길 수 있다. 그런데 주식은 이보다 좀 더 복잡한 전개 방식을 가지고 있다. 그 이유는 '나 같은 사람'이 수없이 많고, 그들 역시 '내가 선정한 종목'을 눈여겨보기 때문이다. 내가 아무리 주가 자체를 잘 예측한다고 해도 참여자들이 급격하게 늘어나거나 빠지면, 그것이 주가의 흐름에 강한 변동성으로 작용한다. 따라서 우리는 게임의 구도를 다시 파악

해야 한다. '나와 내가 선정한 종목+나 같은 마음을 가진 다른 투자자'라는 일 대 다수의 대결로 말이다.

나와 함께
뛰는 사람들

우리는 대체로 '나만 잘하면 되는 세상'에서 살아왔다. 학창 시절에 지겹도록 했던 공부는 전형적인 일 대 일의 대결이다. 나와 수학의 대결, 나와 영어의 대결일 뿐이었다. 사회생활이라는 것도 대체로 비슷하다. 회사에서 동료관계도 중요하긴 하지만, 내가 내 일만 잘하면 큰 문제가 없다. 그런데 주식은 나만 잘해서는 되는 게임이 아니다. 조금 쉽게 예를 들어보자.

나는 평소 운동도 많이 해서 순발력이 뛰어나고 지구력도 강하다고 가정해보자. 그런데 내가 속한 빌딩에 불이 났고 신속하게 대피를 해야 한다. 나만 비상구로 잘 뛰어가면 살 수 있다고 생각하겠지만, 사실은 착각이다. 한 빌딩에 있는 수백 명의 다른 사람이 동시에 A, B, C의 비상구로 뛰기 시작한다. 더 중요한 사실은 불이 어느 지점에서 났는지를 정확하게 파악하지 못한 상태에서 비상벨만 듣고 뛰고 있다는 것이다. 나의 현 위치와 가장 가까운 A 비상구로 뛰고 싶지만, 만약 그곳에 사람이 몰리면 결국 빨리 뛰어

봤자 소용이 없을뿐더러 발화지점이 A 비상구 근처라면 더 난감해지고 만다. 그럼 B는 어떨까? 아니면 C는?

결국 그 무엇을 선택하든, 내가 살기 위해서는 '나와 함께 비상구로 뛰고 있는 사람'을 감안하지 않을 수 없다. 나만 잘 뛴다고 해서 되는 일이 아니라는 이야기다.

훌륭한 트레이더가 되기 위해서 매우 예민한 촉수를 가진 심리 전문가가 되어야 하는 이유는 바로 여기에 있다. 특히 단기적인 급락과 급상승은 대체로 투자자들의 심리 자체가 독립적으로 상승과 하락의 요인이 될 수 있다.

이러한 특성들이 가장 단적으로 드러나는 주식이 흔히 '테마주', '순환매'라고 불리는 것들이다. 때로는 이 둘을 합쳐 '테마주 순환매'라고 지칭하기도 한다. '테마주'란 정치, 경제, 사회적 요인으로 인해 순식간에 주목을 받으면서 사람들이 몰리는 주식이다. 아마도 주식을 해보지 않은 사람도 테마주의 기본원리는 이해할 수 있을 것이다. 여기에 덧붙여 '순환매'라는 것이 있다. 과거 2002년 사스가 유행했을 때 신약과 마스크 관련 종목들이 골고루 돌아가면서 상승한 적이 있다. 서로 연관이 있거나 유사성이 있으면 사람들이 이를 주목하기 때문이다. 아주 넓게 보자면 비트코인도 테마주의 개념에 포함될 수가 있다.

문제는 이러한 테마주와 순환매가 투자자들에게 매우 유혹적으로 보일 수 있다는 점이다. 가파르게 상승하는 주식을 보면서 하루빨리 참여하고 싶지 않은 사람은 그리 많지 않을 것이다. 따라서 아무런 기준도 없이 '지금 주가가 오르고 있다'라는 단순한 이유 때문에 투자를 하는 경우가 많다. 그러나 이런 식의 주식 상승은 반드시 '하방(하락하는 방향)'이라는 장애물을 만나게 된다.

호황을 미리 당겨온 '기대심리'

대파가 귀하다고 많은 사람들이 대파를 사고 있으면 초기에는 가격이 계속해서 오르지만, 그것이 '한없이' 오르지는 않는다. '대파가 이 정도 가격이면 너무 비싼 거 아니야?'라고 생각하는 사람들이 많아지는 순간, 대파에 대한 수요가 급격하게 떨어지는 하방의 압력을 받게 된다. 주식도 마찬가지의 생리로 움직인다. 일정 시기에 급격하게 추락하는 테마주의 주가에서 빠르게 손절이라도 하고 나오면 그나마 다행이지만, 그렇지 못할 경우에는 소위 '개미지옥'이 펼쳐진다. 돈을 빼지도 못하고, 더 넣을 수도 없는 진퇴양난의 지옥은 '나와 함께 비상구로 뛰고 있는 사람'을 감안하지 않기 때문에 시작된다.

사람들의 심리는 사실 이런 테마주나 순환매에만 적용되는 것은 아니다. 흔히 '박스권'이라고 불리는 정체기에도 심리적인 요인이 작용한다. 예를 들어 코스피가 2100에서 1800 사이의 박스권에 묶여 있다고 한다면 2100은 저항선이 되고, 대략 1850 정도는 지지선이 된다. 특별한 명분이 없는 상태에서 저항을 뚫지 못하고, 아직은 좀 더 두고 보고 싶다는 생각이 많기 때문에 지지가 유지된다. 나는 이것을 '심리적 동의 구간'이라고 정의한다. 서로 소통하면서 저항선과 지지선을 결정하지는 않아도, 다들 그렇게 생각하고 심리적으로 동의하는 구간. 바로 그것이 박스권이 형성되는 하나의 이유이기도 하다. 이것은 마치 비상구로 뛰기 전에 '야, 생각 좀 해보자. 잠깐 서 봐'와 같은 개념이다.

건설주와 조선주도 심리적인 영향이 많이 드리워지는 주식이다. 선박을 수주했거나, 혹은 건축이 확정이 되었다는 뉴스가 나오는 순간, 사람들의 기대심리가 몰리게 된다. 그런데 정작 해당 기업에게 수익이 발생하기까지는 최소 2~3년은 걸린다. 아직 현실에서는 아무 것도 변하지 않았지만, 그때부터 주가가 미래의 이익을 가져와서 반영하게 된다. 사람들의 심리로 인해 주가에 거품이 끼일 수 있다는 이야기다.

그런데 이런 거품이 어떨 때는 무자비한 힘을 받아 미친 듯이 질주할 때가 있다. 바로 '대중의 광기'가 시작되는 시점이다. 17세기 네덜란드에서 시작된 튤립 투자 열기는 급기야 튤립 한 뿌리의 가격을 1억 6000만 원까지 올려놓았다.

　주가창을 바라볼 때 지금 이 순간 같은 주가창을 바라보고 있을 수천, 수만 명의 사람을 동시에 봐야 한다. 그들의 생각이 어느 방향으로 흐르고 있는지, 왜 그들을 그렇게 생각하고 있는지를 함께 감안해야 한다. 나 혼자 뛰는 게임이 아니라, 나를 포함한 무리들이 뛰는 관점으로 주가창을 바라볼 때, 조금 더 예측력이 높아질 수 있을 것이다.

시장을 변화시키는
감정이라는 요인

근래에 책을 읽다가 매우 인상적인 문구를 발견했다. 주식시장에서 사람들의 감정이 어떻게 반영되는지를 설명해주는 것이었다.

'감정은 수요로 변환되고, 그 수요는 시장에 변화를 일으킨다.'

시장에 접근할 때는 합리적이고 이성적인 판단이 필요하지만, 때로는 분명하지 않은 감정들이 막 뒤엉켜 시장 자체를 변형시키기도 한다. 사람들의 감정을 자극하는 요소 중의 하나가 바로 '소문'이다. 소문이 어떤 내용인지는 사실 중요하지 않지만, '소문에 이렇다던데… 나도 사지 않으면 안 될 것 같아'라는 다급함이 변화를 일으키기 때문에 관심을 가질 필요가 있다. 게다가 소문은 군중심리까지 자극하여 '다들 그렇게 생각한다면, 당연히 맞는 것 아니야? 그 많은 사람들이 바보는 아니잖아?'라며 일면식도 없는 군중들과 행동을 함께 하려는 욕구를 만들어 내기까지 한다.

따라서 주식을 할 때는 대중들이 현재 느끼고 있는 감정의 트렌드를 함께 고민해야만 한다. 20대 투자자들 사이의 전반적인 감성, 혹은 30대, 40대 투자자의 사회적 지위에서는 어떤 욕구가 지배적인지 함께 살펴야 한다는 것이다. 사람은 이성보다는 감정에 의해서 움직이는 존재이다. 주식시장에 사람들의 감정이 얼마나 섞여 있는지를 측정하는 것은 불가능하다. 그럼에도 감정의 요소들이 분명 한 축을 이루고 있다는 점을 인식하고 그것을 구별해내기 위한 노력을 기울여야 한다.

종교인은 '기도하는 마음'으로,
우리는 '매도하는 마음'으로

워런 버핏은 이런 이야기를 한 적이 있다.

"투자란 아이큐 160인 사람이 아이큐 130인 사람보다 더 잘하는 게임이 아니다. 일단 일반적인 지능만 있으면, 투자에서 사람들을 곤란에 빠뜨리는 충동, 이 충동을 억누를 수 있는 자질만 있으면 된다."

이 말은 한편으로는 우리에게 매우 희망적인 말이다. 대체로 아이큐가 평균이면 누구나 주식투자를 할 수 있다니 다행이고, '충동' 정도야 못 억누르겠냐는 자신감이 생기니 또 한 번 다행이다. 그런데 이 충동은 이중적인 성질을 가지고 있다. 일반적으로는 무엇인가를 저지르는 것을 충동이라고 생각하지만, 반대로 뭔가를 해야 할 때 하지 못하는 것도 충동이다. 전자의 충동이 미래의 부정적인 결과를 무시하며 자신을 위험 속으로 던지는 방식의 충동이라면, 후자의 충동은 미래의 긍정적인 결과에 과도하게 몰입해 자신을 멈추지 못하는 충동이다. 워런 버핏이 충동을 조심하라고 경고한 것은, 충동의 힘이 아이큐보다 훨씬 더 강하기 때문이다.

매도를 방해하는 요인들

주식시장의 고전적 명언 중의 하나는 바로 "매수는 기술이지만, 매도는 예술이다"는 말이다. 기술과 예술의 차이. 잘 알겠지만 기술은 어느 정도 익히면 누구나 할 수 있다. 하지만 기술이 예술의 경지에까지 오르기 위해서는 보통의 노력으로는 쉽지 않은 일이다. 주식공부를 어느 정도만이라도 했다면 매수의 기준을 잡는 일은 그리 어렵지 않다. '아, 이쯤이면 사도 괜찮겠다'라고 결정이 가능하다.

그런데 매도는 그런 것이 없다. 오르면 오를수록 좋은 것이라 생각하기 때문에 스스로 기준을 정하기가 힘들다. 다다익선(多多益善), 많으면 많을수록 좋다는 것이니까 한정 없이 많으면 더 더 더 좋을 수밖에. 바로 여기에서 자신을 멈추지 못하는 충동이 시작된다. 마음속으로 '조금 더, 조금 더'를 외치면, 결국 돈에 대한 충동이 자신을 지배하는 순간이 오고야 만다. 그런데 이 충동은 주가가 오를 만큼 올랐음에도 불구하고, 혹은 이제 서서히 떨어질 시그널을 보내고 있음에도 불구하고, 그것을 믿지 못하게 만든다. 욕심이 쌓여 만들어진 과도한 기대감이 현실을 부정하는 묘한 왜곡이 일어나게 된다는 이야기다.

'이런 상승장이라면, 약간의 하락은 상관없을지도 모르지.'

'더 오를 거라는 내 생각이 맞겠지?'

하지만 느닷없이 눈앞에 나타난 냉정한 하락세에 결국 당황하며 매도의 순간을 잡지 못하게 된다. 그런데 문제는 이것만이 아니다. 설사 적당한 시기에 매도를 했다고 하더라도 '익절 후에 남는 후회'가 또 자신을 괴롭힐 수도 있다. 내 게임은 이미 끝나 경기장을 빠져나왔는데, 남은 선수들이 계속해서 신나게 돈을 쓸어 담는 모습에서 자신의 선택을 후회하게 된다.

가치투자자들의 경우 10배가 오른 텐배거 ten bagger 종목을 가지고 있다면 이걸 정리하고 빠져나오는 것이 굉장히 힘들어진다. 일반적으로 '5배만 되어도 충분하지 않아?'라고 생각하겠지만, 막상 10배가 되었을 때는 오히려 더 팔고 나오기가 힘들다는 이야기다. 그래서 주가가 오르면 오를수록 빠져나오기는 더욱 힘들다는 역

개장 전, 아직 켜지지 않은 모니터 앞에서

설이 만들어지게 된다.

　매도를 둘러싼 이러한 과도한 기대감, 현실 왜곡, 익절 후의 후회야말로 매도 타이밍을 제대로 잡지 못하게 하는 중요한 요인들이다. 더 심각한 사실은 이러한 요인들이 후유증을 남기게 되면서 다음의 매도를 더욱 혼란스럽게 만든다는 점이다. '그때는 내가 너무 빨리 빼서 손해 봤는데, 이제 후회할 짓을 하지 말자'면서 더 단단한 고집이 만들어진다. 이러한 고집은 욕심에 의한 충동과 결합되면서 또다시 판단을 흐리게 만든다.

기도하는 마음으로
산다는 것

　　　　　사실 나 역시도 주식을 시작한 이후 4~5년 차까지는 매도 타이밍을 잡기가 정말로 힘들었고, 현재도 매도를 예술적으로 해낸다고 자신하기는 힘들다. 유혹에 흔들리지 않는다는 불혹의 나이인 40대가 되면 좀 괜찮아질까? 그러니 주식을 접하는 초보자들이 매도 타이밍을 제대로 잡는 것은 매우 힘든 일일 수밖에 없다.

　나는 매도 타이밍을 제대로 잡기 위해서는 우선 자신의 충동과 싸울 수 있어야 하고, 그것은 가히 종교인의 수양 같은 것이라고 생각한다. 종교인들은 죄를 짓지 않기 위해 충동과 싸우는 사람들이다. 이는 우리가 주가를 보며 드는 충동을 놓고 싸우는 것과 비슷하다.

그런데 그들은 우리와 다른 점이 하나 있다. 우리는 주식을 하는 그 순간에만 충동과 싸우려는 마음이 들지만, 종교인들은 '기도하는 마음'으로 일상에서 겪는 여러 충동과 싸운다는 점이다. 이 '기도하는 마음'이란 정말 무서운 태도다. 아침에 일어나 기도하고, 밥 먹을 때 기도하고, 자기 전에 기도한다. 중간중간 계속해서 성경이나 불경을 상기하고 되뇌이고 다짐하는 생활. 기독교인이라면 주말예배뿐만 아니라 수요예배, 금요예배, 새벽기도, 금식기도까지…… 그들의 하루하루에는 충동과 싸울 수 있는 수많은 기회가 있으며 그것을 충분히 활용함으로써 비로소 충동과의 싸움에서 이길 수 있다.

하지만 주식하는 우리들은 이렇게까지 충동과 싸우려고 하지 않고, 그럴 만한 기회도 별로 없다. 그보다는 주식을 하지 않는 시간조차 '다음 장에서는 승부를 봐야지!', '한 번만 잘되면 대박인데!'라는 충동에 빠져 살게 된다. 그러니 실제 상황에서 제대로 된 충동 조절이 될 리가 없다.

워런 버핏이 주식투자에 있어서 아이큐를 문제 삼지 않고 충동을 문제 삼은 것은 그것이 주식투자의 성패를 좌우하는 결정적인 요인이기 때문이다. "매수는 기술이지만, 매도는 예술이다"라는 명언이 생겨난 것도 바로 이런 이유 때문이다. 대체로 주식투자 경험이 오래되지 않은 사람들은 '뭘 사야 하지?', '얼마에 사야 하지?'에만 골몰하는 경향이 강하다.

물론 매수가 투자의 출발점이기에 당연한 이야기지만, 그와 같은 양의 생각과 시간을 '어떻게 팔까?', '얼마에 팔아야 하지?'에 사용해야 한다. 주식을 사는 동시에 파는 것에 대해서 집중적으로 고민하고 '앉으나 서나 파는 생각'을 해야 한다. 팔고, 팔고, 또 파는 생각을 평범한 시간에도 한다면 우리의 무의식조차 익숙해져 충동에 휩싸이는 강도를 약화시켜줄 수 있을 것이다. 종교인들이 '기도하는 마음'으로 살아간다면, 우리는 '매도하는 마음'으로 살아가야만 한다.

충동을 조절하는
여러 가지 전략

　　과거에 나는 적지 않은 수의 생활 규칙을 설정해둔 적이 있었다. 남들이 볼 때는 '강박'이라고도 할 수 있을 정도였다. 이익이 계속 날 때면 절대로 손톱을 자르지 않는다던가, 점심밥은 반드시 책상에서 먹어야 하는 것 등이었다. 육체와 정신은 하나라고 생각했기에 시장이 끝나면 반드시 수영을 하고, 자기 전에 트레드밀에서 뛰기도 했다. 또 준비가 완전하지 않으면 아예 그날은 거래 자체를 하지 않기도 했다. 이런 모습들은 집중력을 유지하기 위한 것이지만 그 뒤에는 충동을 조절하기 위한 이유도 있었다. 내 가슴을 순식간에 뚫고 나와버리는 그 충동은 매도와 매수의 순간에 나

를 괴롭히는 가장 강한 적수였기 때문이다. 빈틈이 없는 온전한
상태를 만들어야, 그 충동을 조절할 수 있을 것이라 믿었다.

규모를 줄이고 정확한
기준을 세워야

투자할 때 맞닥뜨리는 가장 충동적인
순간은 바로 손실의 순간이다. 돈을 빨리 만회해야 한다는 생각이
들면 마음도 급해지고, 그러다 보면 합리적인 행동보다 비합리적
인 행동을 할 가능성이 매우 높아진다. 나 역시 이런 것들에 많이
시달렸고, 심할 때는 잠시 투자를 완전히 손에서 놓아버린 경우도
있었다. 그런데 주식을 손에서 놓아버리는 것도 충동적 결정이다.
시장에 대한 감을 잃지 않고 꾸준히 이어가야함에도 불구하고, 이
렇게 손을 놓아버리면 다시 복귀하기가 더 어렵게 된다.

이후 나만의 방법으로 손실에서 충동조절법을 고안했는데, 바
로 포기하지 않고 투자의 규모를 확 줄여서 계속 투자를 이어나가
는 것이다. 이렇게 하면 감도 잃지 않고, 주식을 완전히 외면했을
때의 괴로운 마음도 함께 줄일 수 있다.

어느 정도로 퍼센트를 줄여야 하느냐의 문제는 각자의 거래 금
액이 다르기 때문에 명확하게 말하기가 힘들다. 굳이 모두에게 적

용되는 기준이 있다면 바로 '나의 마음이 편해질 때까지'이다. 또다시 돈을 잃을지도 모른다는 불편함이 있고 자신감이 하락한 상태에서 비슷한 규모로 투자금을 운용하면 충동에 휩쓸릴 가능성이 더 높아진다. 나의 경우에는 절반으로 줄이고, 그래도 계속 손실이 난다면 다시 그 절반으로 줄이곤 한다. 다시 잘할 수 있다는 자신감이 생길 때까지는 절대로 투자금을 늘리지 않았다. 이렇게 규모를 줄인 투자를 하면서 반드시 해야 할 것이 '왜 손실이 났을까?'를 규명하는 일이다. 가장 간단하지만 가장 어려운 훈련법이기도 하다.

충동적인 매매에서 벗어나는 또 하나의 방법은 자신만의 명확한 기준을 세우는 것이다. 예를 들어 장기 가치투자의 경우라면 '매수의 근거가 훼손되었을 때'에 매도를 해야만 한다. 특정 종목을 사기로 했다면 그 이유가 분명히 있을 것이다. 그런데 그 이유 자체가 훼손될 때가 있다. 예를 들어 A 기업이 반도체 사업을 시작한다는 소식을 듣고 주식을 사고 장기투자를 한다고 해보자. 그런데 어느 순간 'A 기업이 반도체 사업을 정리하려고 한다'는 소식이 들린다. 바로 이런 시점이 '매수의 근거가 훼손될 때'이다. 이때에는 아무리 장기투자라고 하더라도 매도해 수익을 일정부분 실현시키거나 손절을 한 후 다른 종목을 찾아나서야 한다.

또 '나만의 매도 기준' 하나 정도는 정해 놓고 시작해야 할 필요가 있다. 지지선과 저항선을 결정한 후 이곳에 들어오면 '무조건 매도한다'는 기준을 세워야 한다. 또 '52주 기준으로 봤을 때 전고점까지 닿으면 매도를 하겠다'는 것도 하나의 척도가 될 수 있다. 중요한 것은 이 기준을 한번 세웠다면 더 이상 의심의 여지를 두어선 안 된다는 점이다. 충동은 불안한 상태에서 자신의 모습을 드러낸다. 하지만 자신만의 기준점을 만들고, 확실하게 믿게 되면 불안이 사라지고 충동이 드러날 여지도 줄어들게 된다.

분할매도도 충동을 줄일 수 있는 매우 유력한 방법 중의 하나다. 장기투자를 하든 단기투자를 하든 모든 자금을 한꺼번에 투입하고, 한꺼번에 매도하려는 생각만큼이나 어리석은 것은 없다. 분할매도는 장 중에 주가의 추이를 보면서, 심지어 상승장이라고 하더라도 계속해서 팔아 나가면서 수익을 실현하는 방법이다. 100이 투자되어 있다면, 일정한 시기에 일단 30을 매도하고, 추이를 살핀다. 그리고 어느 시점에서 다시 30을 매도한다.

이런 방식으로 '매도와 지켜보기'를 반복적으로 하면서 조금씩 수익을 만들어 나가는 것이 바로 분할매도다. 이것은 마치 다람쥐가 도토리를 조금씩 자신의 비밀장소에 숨겨 놓는 것과 크게 다르지 않다. 도토리를 한꺼번에 옮기기에는 너무 무겁기도 하고 다른 다람쥐의 눈에 띌 수도 있으니 계속해서 조금씩 쌓아놓는 방법이다. 분할매도는 고점을 기다리는 동시에 내가 먹을 도토리를 조금씩 챙기는 이중의 전략이라고 볼 수 있다. 이런 방법이라면 불안한 마음을 조금은 안정시킬 수 있으며, 충동에 휘둘리지 않고 자기 중심을 잡을 수 있다. 일단 수익은 계속 실현되고 있는 상황이기 때문에 최종적으로 어느 시점에서 청산을 해도 그리 아쉬운 마음은 들지 않게 된다.

10년 동안의 주식투자를 통해서 내가 최적의 매매기법이라 말할 수 있는 것은 바로 분할매도다. 충동은 억압하면 억압할수록 더 강하게 튀어 오르려는 성격을 가지고 있다. 하지만 그것을 조금씩 풀어주게 되면 적절한 관리의 영역 안에 둘 수 있다. 그것이 바로 '분할'이라는 방법이다. 격하게 흔든 콜라병을 순간적으로 따면 폭발해버리지만, 조금씩 단계적으로 열어주면 조용히 열리는 것과 같은 원리다.

마인드를 변화시키는 방법

마인드의 측면에서 살펴보자. 만약 주식을 시작했다면, 그것을 평생 갈 수 있는 기술로 완성시키겠다는 마음을 가져야 한다. 이것은 꼭 주식에만 해당되는 일이 아니라, 우리 삶에 관련된 일이다. 한번 의사 자격증을 따 놓으면, 30대에 수술을 할 수도 있지만, 80대가 되어도 수술을 할 수 있다. 젊었을 때 기술사 자격을 따놓고 그에 걸맞은 실력을 갖춘다면, 나이가 들어도 기술사로서 평생 경제적인 문제의 해결에 도움을 받을 수 있다. 따라서 주식을 시작했다면 평생을 간다고 마음먹어야만 한다.

'100세 시대'는 우리 사회 전반에 영향을 미친다. 취업시장에서는 '제2, 제3의 직업이 있어야 한다'고 말하고, 의료시장에서는 '아프면서 살아야 하는 100세는 재앙이다'라는 말도 한다. 이러한 새로운 100세 시대의 패러다임은 주식투자에서도 반드시 필요한 관점이다. 설사 지금 40~50대에 주식을 새로 시작한다고 해도 아직 주식을 할 시간은 30~40년이나 남아 있다. 주식은 정년퇴직도 없고, 아무리 나이가 들어도 노인이라며 홀대할 사람도 없다.

고작 1~2년 만에 주식에 대해 절망하고 인생 후반부의 투자를 할 기회를 잃어버릴 것인가? 아니면 꾸준히 10년 이상 공부한다는 생각으로 진입해 남은 30~40년의 시간 동안 투자자로 살 것인가? 자신의 인생 전체를 놓고 주식투자를 생각한다면, 어떤 것이 더 현명한 판단인지를 모든 이들이 상식적으로 가려낼 수 있다.

시장에서 계속 절망하다 보면 지금 당장 '대박'의 유혹에 흔들리기보다 울타리를 튼튼하고 안전하게 만들고 싶다는 마음이 먼저 들게 된다. 장기적으로 바라보니 당장 매수 타이밍을 잡지 못해 충동에 휩쓸렸다고 불안해하지 않는다. 대박을 바라고 버틸 필요도 없어진다. 그러나 그래서는 안 된다. 나는 '좋은 투자자'에서 멀어지며 수익률은 계속 저하되고 결국 시장에서 퇴출될 뿐이다. 주식시장에서 퇴출되기를 원하는 투자자는 없다.

투자할 수 있는 현금이 메말라 갈수록 자신감은 바닥을 치고, 탄탄한 주식투자 기법이 없는 투자행위의 악순환 속에서 견딜 수 있는 사람은 없다. 곧 달리 마음먹지 않는다면 내가 80살이 되어서도 든든하게 지켜줄 울타리를 제 손으로 날려버리는 것이나 마찬가지다. 누가 봐도 바보 같은 짓이 아닐 수 없다. 그러니 '내 평생의 주식 기술을 갖추겠다'는 생각으로 매도 타이밍을 스스로 잡아 나가야 한다.

지금 당장은 손해처럼 보일 수 있어도 '매도에도 끊임없는 연습이 필요하다'는 점을 인정하고 받아들여야 한다. 이 세상에 연습 없이 가능한 일은 없다. 처음 자전거를 타는 사람도 넘어지면서 똑바로 서는 실력을 쌓아나가게 된다. 현장의 감각들이 근육에 박히고 뼈에 녹아들 때, 우리는 비로소 능숙하게 일을 할 수 있다.

주식 앞에서는 많은 사람들이 이성적으로 판단하지 못하고, 그 이성적이지 못한 만큼 충동적으로 변하게 된다. 그것은 개인의 감춰진 성향 탓도 있겠지만, 결정적으로는 '속도감'이라는 것 때문이다. 직장에서 받는 월급이라면 30일 내내 쉬지 않고 꼬박꼬박 출퇴근을 해야만 겨우 받을 수 있다. 눈치도 봐야 하고 스트레스도

건뎌내야 하는 무거운 시간들이다. 그나마 월급은 1년에 12번, 그것으로 끝이다.

그런데 주식시장은 일상의 시간 감각을 무너뜨리는 슈퍼카 레이싱 경기장이다. 잘하면 '단 하루' 만에도 월급을 벌 수 있는 발랄하고 경쾌한 곳이다. 그 놀라운 속도감은 사람의 마음을 들뜨게 하고, 그 들뜸만큼이나 과격해지도록 만든다. 그러나 내 옆의 차들이 아무리 빠르게 달린다고 하더라도 '조금씩 천천히'라는 마음이 필요하다. 내가 늦게 간다고 누가 뭐라고 할 사람은 아무도 없다. 아무도 시키지 않는데 혼자서 자신을 채찍질하는, 급한 습관만 내려놓아도 우리의 주식투자는 훨씬 차분해질 것이며, 내 평생을 먹여 살릴 기술로 만들어 나갈 수 있을 것이다.

물타기의 유혹과
돈을 잃는 훈련

　내가 주식공부를 막 시작했을 때, '하루에 수백만 원을 벌었다'고 기뻐하는 사람들의 모습도 신기했지만, '하루에 수백만 원을 잃었다'고 하면서도 무덤덤한 사람들의 모습은 더 신기했다. 처음에는 그들이 돈이 얼마나 많기에 돈을 잃어도 아무렇지도 않을까라는 생각을 했다. 그런데 시간이 지날수록 그들이 돈이 많아서 무덤덤한 것이 아니라, 무덤덤해져야 돈을 벌 수 있다는 사실을 깨닫게 됐다. 주가가 떨어져 돈을 잃어도 마음 아파하지 않고 미간을 찡그리지 않을 수 있는 플랫 flat 한 감정의 유지. 그래서 나는 '돈을 잃는 훈련'을 해야 한다고 말한다.

물타기에 대한
유혹

　　　　　　모든 훈련과 연습은 특정한 목표를 성취하기 위해서다. 달리기 연습은 '심폐 기능의 향상'을 목표로 하고, 근력운동은 '근육을 키우는 것'을 목표로 하고 있다. 주식에서도 몇 가지 훈련이 필요한데, 그중에서 가장 중요한 훈련 중의 하나는 바로 '돈을 잃는 훈련'이다. 누군가는 "돈을 잃는 것은 그저 뼈저리게 아픈 손해일 뿐, 어떻게 훈련이 될 수 있냐"고 반문할 수 있다. 또는 "돈을 벌기 위해 주식을 하는데, 돈을 잃는 훈련을 하라니. 말도 안 된다"고 생각할 수도 있다.

그 무엇도 확실한 것이 없는 주식시장에서 내가 단호하게 확신할 수 있는 것 하나는 돈을 잃는 훈련이 되지 않는다면, 지금 당장 주식을 접어야 한다는 사실이다. 격투기에서는 상대를 때리는 훈련도 해야 하지만, 잘 맞는 훈련도 같이 해줘야 한다. 그렇지 않으면 한두 번의 타격만으로 여지없이 무너져 내릴 것이기 때문이다.

물론 돈을 한정 없이 잃으라는 이야기는 아니다. 10년 넘게 일해 가까스로 모은 5000만 원을 몽땅 잃어버리면서도 그것을 훈련이라고 여기라는 말도 아니다. 자신의 매매 시나리오에 따라 주가가 움직이지 않고 손해가 발생하기 시작했을 때에는 가차 없이 손절매를 해야 한다는 의미이다.

주식을 몇 년 정도 했다는 사람조차 익숙하지 못한 것이 바로 손절매다. 특히 손절매는 '나로 인해서 나의 손해가 유발된다'는 착각에 빠지게 만든다. 어쩌면 다시 반등할 수도 있는데 지금 내가 청산을 해버리면 아까운 기회를 날리는 게 아닐까 싶어진다. 돈을 잃는 것도 아까운데, 그 책임이 나에게 있다니. 초보자들이 손절매를 쉽게 감행하지 못하는 것에는 이런 이유가 있다. 거기다가 '이 종잣돈을 모으기 위해서 내가 얼마나 노력했는데……'라는 것까지 생각이 미치면 차마 하지 못 할 짓이 바로 손절매다.

손절매의 아픔을 누그러뜨리고자 하는 행동이 바로 '물타기'다. 주가는 떨어지는데, 손절매를 하자니 너무 아깝고, 계속 죽치고 모니터만 보는 것도 아닌 것 같을 때 물타기의 유혹이 들어온다. 물타기는 최초 매수 단가보다 낮은 가격에 주식을 더 많이 매수해 한 주당 평균 단가를 내리는 방법이다. 이렇게 되면 시세의 반등이 크지 않더라도 손해를 빠르게 회복할 수 있다는 장점이 있다.

예를 들어 처음에는 주가가 100퍼센트 올라야 손해를 회복할 수 있다면, 물타기를 한 후에는 50퍼센트만 올라도 손해를 회복할 수가 있다. 당연히 좀 더 안정적인 자세를 유지할 수 있고, 운 좋게 반등이 시작되면 실제로 손해를 회복할 수 있다. 물타기라는 주제는 여전히 투자자들 사이에서 논쟁이다. 아예 하지 말아야 한다는 주장과 '특정한 조건이 갖춰지면 해볼 만하다'는 주장의 대립이다. 물론 물타기를 잘하면 성공확률이 높을 수도 있다. 만약 주가 예측이 들어맞는다면 다섯 번 중 네 번은 물타기가 성공할 수도 있다. 하지만 실패한 그 한 번이 재기조차 하지 못할 정도의 결과를 가져온다.

손절매가 주는
고마움

나 역시 손절을 하지 못해 엄청난 손실을 겪었던 경험이 있다. 처음에는 2000만 원 정도의 손실이 났었다. 사실 거기에서라도 멈췄어야 했다. 그러나 경험이 부족했던 나는 계속해서 물타기와 버티기를 반복했고, 그 결과는 참혹했다. 총 손실은 5억 원. 바보가 아닌 이상, '2000만 원을 잃을래? 5억 원을 잃을래?'라고 하면 당연히 2000만 원 잃는 것을 선택한다. 그러나 막상 손절매를 해야 하는 상황에서 물타기의 유혹이 시작되면, 뇌는 정상적인 가동을 하지 못하고 스스로 손실을 2000만원에서 5억 원으로 키우게 된다.

물타기는 '설사 실패하더라도 약간의 손해만 감수하는 일'이 아니다. 물타기는 그 횟수를 거듭할수록 우리 두뇌를 2배, 3배로 마비시키는 능력을 가지고 있다. 들어간 돈이 많아질수록, 그것을 다시 회복해야 한다는 심리가 점점 강해지기 때문이다. 내가 2000만 원으로 끝낼 일을 '5억 원의 참사'로 키운 것은 바로 물타기의 반복이 가져온 압박감에 무릎을 꿇었기 때문이다.

경험상, 첫 번째 매수가 생각했던 결과를 내지 못했다면, 두 번, 세 번째의 매수가 잘되는 경우는 거의 없었다. 그렇다고 늘 '첫 번째 매수가 완벽해야해'라는 생각으로 움직여야 한다는 것은 아니다. 최소한 나의 시나리오대로 작동하지 않는다면, 아무리 물타기를 하더라도 그것이 회복될 가능성을 없다는 사실을 인지하고, 빠르게 손절매를 해야 한다는 이야기다.

'돈을 잃는 훈련'의 목표는 돈을 잃는 것 자체가 아니다. 첫 번째 매수의 실패를 100퍼센트 수용하고 인정하는 것, 지금 손절매를 해야 더 큰 손해를 보지 않는다는 원칙을 철저하게 믿는 것이다. 그리고 반복된 경험을 통해 흔들리지 않는 플랫한 감정을 마치 굳은살처럼 내 마음에 새기자는 의미이다.

확실하게 말할 수 있는 것은, 물타기는 투자의 자세가 아니라 도박의 자세라는 점이다. 투자와 도박의 차이는 근거가 지배하느냐, 확률이 지배하느냐다. '더 많이 매수해서 평균 단가를 낮추겠다'는 발상은 주가 예측에 대한 근거가 사라지고 확률만을 높이려는 사고방식일 뿐이다. 물타기를 하려는 그 순간, 우리는 '도박꾼'이 되었다는 사실을 깨달아야만 한다.

1000만 원짜리
점심을 먹은 날

　살다 보면 누구나 심리적인 고통을 느끼곤 하지만, 대개는 어느 정도 내성이 생기곤 한다. 자주 겪다 보면 자연스럽게 면역이 될 수도 있고, 스스로를 다독이며 마음의 근육을 강하게 만들 수도 있다. 그런데 오랜기간 주식을 했어도 도저히 내성이 생기지 않는 심리적 고통이 있다. 바로 '전혀 예상치 못한 손실'에 대한 고통이다. '잘못하면 잃을 수도 있겠는데?'라는 예상을 기반으로 감행되는 모험에서 손실이 나면 그나마 낫다. 이미 손실의 요인을 충분히 파악하고 있었기 때문이다.

　하지만 전혀 예상하지 못한 사각지대에서 느닷없이 튀어나오는 손실은 당황스러움은 물론, 가슴이 쓰린 것을 넘어 주식에 대한 자신감 자체를 잃어버리는 공포의 상황을 만들어 낸다. 그 일은 내가 1000만 원 짜리 점심을 먹은, 바로 그 날에 일어났다.

박스권에 갇힌 답답함

24살 즈음이었다. 그때는 매우 안정적으로 하루에 100만 원에서 200만 원 정도의 수익을 올리고 있을 때였다. 그렇게 하면 한 달에 적게는 2000만 원, 많게는 4000만 원의 투자수익을 얻을 수 있었다. 나는 매우 보수적으로 자금을 운용했다. 지금도 코스피 주가지수를 추종하는 레버리지라는 상품과 인버스라는 상품이 있지만, 당시에는 레버리지를 무척 높게 허용해줬다. 대략 예탁금액의 4~5배 정도를 매수할 수 있게 해줬던 것으로 기억한다. 2억 원을 넣고 8억 원까지 매수할 수 있었으니까 변동성이 조금만 커져도 수익과 손실이 화끈했다. 그럼에도 보수적인 나의 성향 탓에 당시 계좌의 하루 변동 폭은 손실이 커도 마이너스 500만 원을 넘지 않도록 운용했다.

변동성이 많은 주식시장에서 그 정도만 유지해도 상당히 좋은 실적이라고 볼 수 있었는데, 문제는 슬금슬금 기어 나오는 욕심과 좀 더 다이내믹한 투자 생활에 대한 기대였다. 매달의 수익이 2000만~4000만 원이라는 박스권에 갇히다 보니 답답하기도 하고 '결국 나는 이 정도의 그릇인가?'라는 생각이 들기 시작해 조금씩 욕심을 내고 싶은 마음이 들었다. 주식 초보자들에게 한 달에 2000만~4000만 원의 수익은 자신이 꼭 이루고 싶은 꿈이겠지만, 인간은 놀라울 정도로 무섭게 적응하는 동물이다. 단언할 수는 없지만, 누구든 나의 상황에서 답답함을 느끼게 된다면 조금 더 욕심을 낼 것이라고 생각한다.

결국 나는 욕심으로 그간의 안정적인 흐름에 변화를 주기 시작하면서 평소에는 잘 시도하지 않는 보다 많은 포지션을 코스피 레버리지로 매수하기 시작했다. 이미 여기에서 나도 모르게 마음이 헤이해졌던 것 같다. 하지 않던 패턴으로 투자를 시작했으면, 상황을 주의 깊게 관찰하면서 흐름을 지켜봐야만 했다. 하지만 어쩐 일인지 이러한 것에 둔감해진 나는 점심식사 약속을 외부에 잡았다. 당시만 해도 주가의 변동에 대한 나의 생각은 거의 틀리지 않았기에 '뭐 별일은 없을 거야'라고 생각했었다. 그렇게 친구와의 즐거운 점심식사를 만끽하고 다시 모니터 앞에 앉았을 때 내 동공은 지진이 난 것처럼 흔들렸고 얼굴은 새파랗게 질렸다. 그리고 아무런 말도 할 수 없었다.

"……"

한마디로 내 계좌는 '작살'이 나고 만 상태였다. 손실액만 무려 1200만 원에 이르렀다.

'하, 어떻게 해야 하지? 지금이라도 손절매를 해야 하나?'

'아무리 그래도 단 2시간 만에 1000만 원이 넘는 손실이라니……'

모니터를 보고 있는 시간 동안, 나의 정신은 지옥을 헤매고 있었다.

내가 꾸준하게 장에서
살아남은 비결

사실 주식을 시작한 이후 외부에서 점심식사를 한 적은 거의 없었다. 대부분 모니터 앞에서 먹는 것이 일반적이었고, 조금 편하게 먹는다는 것이 집 안의 식탁에서 먹는 정도였다. 어느새 오만해졌거나 혹은 느슨해진 나는, 자신도 모르게 외부에서의 점심 약속을 잡았고, 치명적인 손실을 입게 됐다. 더 놀라운 사실은 외출해서 돌아오는 그 순간까지도 시세에 대한 나의 판단을 전혀 의심하지 않았다는 점이다.

1200만 원의 손실을 기록했다는 사실만 중요한 게 아니었다. 손실이 수익의 연속성에 대해 열등감과 패배감을 준다는 게 문제였다.

"앞으로 내가 다시 수익을 낼 수 있을까……?"

한 번의 실패로 자신감을 완전히 상실할 수 있다는 점이 어쩌면 선뜻 이해가 되지 않을 수도 있다. 막상 그 현실에 닥치면, 이제까지 해왔던 모든 성공의 경험은 깡그리 사라지고, 오로지 지금의 실패만이 눈앞에서 마치 산더미처럼 몸집을 키워 간다. 그날의 실패를 반성하며 나는 이런 결론을 내렸다.

"그래, 나의 손실은 필연적일 수밖에 없었어."

욕심에 휘둘리고 경계심을 푼 트레이더에게는 당연한 결과일 수밖에 없다. 그 이후로 나 자신에게 더욱 엄격해지기 위해 장이 열리는 시간에는 한동안 화장실도 가지 않았다. 물론 모든 투자자들이 그렇게까지 자신에게 혹독해질 필요는 없지만, 나에게는 다시 초심으로 돌아오기 위해서 겪어야 할 필연적인 과정이었다. 당시의 공포감은 늘 내 마음 한편에 자리 잡고 있었고, 이 책을 쓰는 지금 이 순간도 마찬가지다.

투자의 성공에는 여러 가지 요인이 복합되어야 하겠지만, 투자의 실패에는 그리 많은 요인이 작용하지 않는다. 거의 대부분 '나'의 문제였고, 그 '나'가 필패의 조건이었다. 매일의 투자에서 긴장을 늦추지 않는다는 것, 수익의 답답함을 참아내고, 다이내믹한 투자에 대한 유혹을 멈추는 것. 바로 이것이 투자자가 갖춰야만 하는 가장 중요한 성공의 법칙 중 하나일 것이다.

PART 3

우린 챔피언이 될 것이다
끝까지 살아남을 테니까

스마트한 20~30대가 선택할 수 있는 또 하나의 세상

대입, 취업, 고시, 승진……
청춘이 겪는 모든 인생의 고비마다
어른들은 점수와 숫자로 우리를 판단하고 검증한다.
이 세상의 주도권은 그들이 가지고 있고,
우리는 그냥 묵묵히 적응해야만 했다.

가난한 집에서 태어난 나는, 애초부터 빼앗긴 삶이었다.
부모님께서 주신 선물도 없었고,
가슴에 품어야 할 희망도 존재하지 않았다.

하지만 나는 주식을 통해서 비로소 내 인생의 주도권을
완전히 나에게로 돌려놓을 수 있었고,
오로지 나의 힘으로 경제적 자유를 획득했다.

주식이 인생의 전부일 수는 없겠지만,
어쩌면 혼자의 힘으로 챔피언이 될 수 있는
유일한 세상일지도 모른다.
어른들에게 검증받을 필요도 없고, 판단 당할 일도 없는 나만의 세상.
그리고 그 안에서 홀로 독립할 수 있는 길.

당신의 앞에도 내가 걸어왔던 똑같은 길이 놓여 있다.

왜 우리는 시장에
굴복해야 하는가?

주식시장에서 빨간색과 파란색은 수익과 손해를 나타내는 지표다. 그런데 어느 순간부터 나에게는 그 색깔의 의미가 달라지기 시작했다. 빨간색은 나의 겸손함을 칭찬하는 색이었으며, 파란색은 나의 오만을 경고하는 색이었다. 그때 나는 생각했다.

'계좌는 나의 마음을 비추는 거울이다.'

하지만 이 겸손함을 유지하기까지, 거의 1년이라는 시간을 보내야 했다. 투자 수익이 높아지면서 어느 순간 나는 '혹시 내가 특별한 사람은 아닐까?'라는 생각을 하기 시작했다. 운이 좋거나, 혹은 타고난 주식 체질이 아닐까 하는 느낌이 들기도 했다. 오만이었다. 이러한 착각은 잠시 즐기고 빨리 버려야 하는 것일 뿐, 정말로 자신을 특별한 사람으로 여겼다가는 이후 오랜 시간 동안 주식시장에서 쓰디쓴 고통만 느끼게 될 것이다.

의지가 강할수록,
수익은 부러진다

시장의 톱 트레이더들이나 성공한 투자자들은 하나 같이 '겸손함'을 갖춘 사람들이다. 그런데 그들의 타고난 인성이 겸손한 것은 아니라고 본다. 나의 의지를 앞세워 시장을 이기려고 했던 수많은 시도가 다 실패로 돌아간 후, 드디어 겸손해지는 선택을 할 수밖에 없었던 것이다. 지난 12년간 엄청난 대박사건은 일어나지 않았지만 꾸준하게 익절을 거듭하며 그나마 생각했던 수익을 거둘 수 있었던 것도 이러한 겸손함 덕분이라고 생각한다. 나의 의지, 나의 생각을 차분히 가라앉히는 일에서 겸손이 시작된다.

자신의 투자가 지지부진하거나 답답할 때 투자자들이 하는 말이 있다.

'오늘은 반드시 승부를 보고야 만다!'

그러나 이런 날이면 오히려 반드시 부러지는 경험을 한다. 나쁜

만이 아니다. 시세에 대한 자신의 신념이 너무 굳건한 날, '오늘은 분명히 오른다', '이번에는 확실해'라는 생각이 드는 순간이 제일 위험하다.

주식에서 공부는 반드시 필요한 것이지만, 때로는 이 공부가 오만의 도약대가 되기도 한다. 주식투자를 했던 초기에 나는 하루에 12시간을 집중하면서 지냈다. 장 중에는 모니터 앞에서 밥을 먹기가 일쑤였고 장이 끝나면 나의 거래일지를 반복해서 보면서 내 실수를 확인하며 그 이외의 공부도 이어 나갔다. 잠도 많이 자지 않았고 오히려 자는 시간에도 주식에 대한 생각으로 잠을 설칠 정도였다.

실제로 6개월이 지난 후에는 실수가 많이 줄었고 매매 타이밍도 어느 정도는 정확해지기 시작했다. 그러면서 더 높은 고점에서 매도를 해야겠다는 욕심이 생겼는데, 욕심보다는 강박에 가까웠다. 제대로 된 트레이더라면 역시나 주가가 빠지기 직전에 매도 타이밍을 잡아내야 한다고 생각했고, 그래야만 최고의 트레이더가 될 수 있었다고 믿었다. 나의 '의지'는 점점 강해졌고, 나의 두뇌를 풀가동한다면 시장을 이길 수 있으리라 믿었다. 그러나 나의 시도는 번번이 실패했고, 의지가 강해지면 강해질수록 계좌는 파린색으로 물들어 가기 시작했다. 그것은 열정으로 극복할 수 없는 일이었고, 투지만으로는 넘을 수 없는 선이었다.

결국 나는 이런 결론을 내렸다.

'나는 시장에 굴복해야만 한다. 나는 결코 시장을 이길 수 없다. 욕심을 버려 나라는 사람을 완전히 뒤바꿀 수 있을 때, 안정적이고 성공적인 투자를 할 수 있다.'

매수할 때 그 어느 누구보다 최저점에서 살 수 없다는 사실을 인정했고, 매도할 때 누구나 부러워할 만큼 최고점에 팔 수 있는 능력도 없다는 것을 인정해야만 했다.

겸손, 주식시장에서
내가 얻은 통찰

겸손함은 자신을 낮추고 상대방을 인정하며, 욕심을 내세우지 않는 마음의 상태다. 사회생활을 할 때 처신에 관한 덕목으로서는 꼭 필요한 것이겠지만, 사실 돈과는 별로 관련이 없어 보인다. 돈은 더 많이 벌수록 좋은 것이라는 점에서 굳이 겸손을 떨 필요는 없기 때문이다. 그런데 주식시장은 다르다. 투자자가 갖춰야 할 첫 번째 덕목도 겸손이고, 두 번째 덕목도 겸손이다.

시장에 굴복한다는 것은 결코 내가 특별한 사람이 아니라는 사실을 인정하는 것과 시장이 허락한 수익만 얻을 수 있다는 것을 온전히 받아들이는 일이다. 이런 상태가 되면 시세 앞에서 요동치는 마음을 잡을 수 있고, 등락하는 기분을 조절할 수가 있다. 과거에는 투자 수익이 높으면 '역시 내가 잘했어'라고 생각했고, 손절을 하게 되면 '나는 도대체 왜 이러지?'라고 생각했다.

하지만 시장에 굴복하면서부터 '나'라는 말이 빠지게 된다. '시장이 이렇게 많이 허락했구나'와 '시장이 허락하지 않으면 할 수 없지'가 된다. '나'가 빠지면 겸손에 이르게 되고 욕심은 자연스럽게 비워진다. 인간이 태양 빛을 조절할 수 없고, 태풍을 오라 가라 할 수 없듯, 사람이 겸손해지지 못하는 이유는 그것이 인간의 본능에 반하는 일이기 때문이다. 과도하지 않다면 누군가보다 '우월한 나'가 되고 싶고, 그것으로 자신만의 희열을 느끼고 싶어 한다. 하지만 이제는 그런 감정마저 조절할 수 있는 수준이 되었다. 아마도 시장에 맞서면서 고집을 부리다 수없이 깨진 경험 때문일 것이다. 많이 깨져본 사람은 맷집도 강해지지만, 정신적으로도 성숙하고 겸손해진다.

주식투자 스타일은 대개 그 사람의 사고회로와 관련이 깊다. 즉, 평소에 어떤 방식으로 생각하고 행동하느냐가 투자 스타일로 고스란히 드러난다. 성격이 진중하고 묵직한 사람이라면 장기투자를 할 가능성이 높고, 공격성이 큰 리스크 테이킹에 강한 사람은 호전적으로 투자한다. 자신의 사고회로에서 장점이 되는 부분이라면 살려야 하겠지만, 나쁜 것이라면 개조를 해야 한다. 더구나 늘 내가 보는 모니터와 주식 앱의 뒤에는 나보다 훨씬 뛰어난 사람이 오랜 경험과 나름의 전략·전술로 나와 똑같이 전력투구하고 있다는 점을 알게 된다면, 우리는 스스로 겸손해지지 않을 수 없을 것이다.

지금껏 내 인생에 없었던 새로운 것을 얻고 싶다면, 당연하게 해오던 행동과 생각을 바꿔야 한다. 주식투자로 이제까지 없었던 수익을 얻으려면, '새 술은 새 부대에 담으라.'는 말처럼 그에 걸맞은 나부터 만들어야 한다.

감정의
진폭이라는 운명

아침 9시부터 오후 3시 30분까지.

전투적인 매수와 매도의 전쟁이 끝나면 그때부터는 감정의 전쟁이 시작된다. 계좌의 변동성과 감정의 변동 폭은 비례하기 때문에 장이 끝난 뒤에 밀려오는 후폭풍과 힘겹게 싸워야 한다. 수익을 냈다고 해서 편안하고 마냥 행복해지지도 않는다. 그 짜릿한 흥분감과 성취감은 잠시일 뿐, 또다시 내일의 투자가 고민된다. 투자에서 실패했을 때의 타격은 정말로 만만치 않다. 종일 우울한 표정을 짓는 경우도 있고, 마치 누군가가 나의 신경을 계속해서 긁고 있는 듯 예민해지기도 한다.

투자를 할수록, 애초의 목표가 사라지는 아이러니

언제부터인가 가끔 캔맥주 2~3개를 들고 밤에 찾아가는 곳이 있다. 친한 후배의 작업실이다. 그의 집은 택시 기사님도 찾아 들어가기 힘들어하는 좁은 골목길에 위치한 반지하 주택이다. 그곳에 가서 딱히 하는 일은 없다. 그저 멍하니 누워서 동생이 그림 그리는 모습을 물끄러미 바라볼 뿐이다. 내가 그렇게 하는 이유는 나와는 완전히 다른 삶을 살아가면서도 늘 자신에 대한 믿음을 견고하게 유지하는 후배의 모습을 보고 싶기 때문이다.

그는 그림을 그리는 것을 직업으로 삼고 있지만, 사실 한 달 수입은 거의 없는 상태이다. 그러면서도 몇 개월씩이나 밤을 지새우며 그림을 그리고 완성해 나간다. 돈이 없다는 불평도, 생활이 불편하다는 불만을 단 한 번도 말한 적이 없다. 후배의 그런 모습에 나는 경외감이 들 정도였다. 가끔은 후배의 생활이 걱정돼서 '언제까지 이렇게 할 수 있는 거니?'라고 묻고 싶지만, 아주 오랜 시간 후배의 모습을 보아왔기에 그런 질문은 별 소용이 없다고 느낀다.

돈에 상관없이 자신이 좋아하는 일에 몰두한다는 사실, 그러면서도 그 생활에 만족하며 행복하게 살아가는 일상. 후배의 그런 모습은 자신감을 잃고 있는 나를 추슬렀고, 우울해진 마음에서 벗어나 좀 더 성장하도록 만들었다.

처음에 내가 주식을 시작한 이유는 꽤 단순했다.

"빨리 이곳에서 벗어나 더 좋은 곳으로 이사 가고 싶다."

"경제적으로 여유가 생기면 가족과 더 많은 시간을 보내야지!"

"더 많은 취미생활을 즐겨야지."

주식을 시작하는 대부분의 사람이 나와 비슷한 생각을 하지 않을까 싶다. 그런데 시간이 흐를수록 애초의 내 계획과 목표에서 점점 더 멀어지기 시작했다. 투자하는 시간이 오래되면 될수록, 돈을 벌면 벌수록 가족과 교류할 시간은 줄어들었고, 어머니를 찾아뵐 여유도 없어졌다. 투자로 성과를 올리면 올릴수록 생활에 여유가 생겼지만, 돈을 벌려고 했던 진짜 이유는 사라졌다.

이런 상태에서 가족과 함께 시간을 보낸다거나, 어머니를 찾아뵙고 즐거운 한때의 시간을 보낸다는 것은 불가능에 가까웠다. 차라리 혼자 있는 것이 더 나았기 때문에 그래서 결국에는 투자를 하면 할수록 더 외로워졌다.

"지금, 내가 뭐 하려고 돈을 벌려고 하지?"

주객전도였다. 돈이 곧 목적이 되고, 목표는 사라진 역설적인 상황.

투자에 몰두하면 할수록 처음 돈을 벌어야만 했던 이유들은 생각나지 않는다. 그 와중에 투자로 많은 성과를 거두게 된다면 되돌아갈 자리가 있겠지만 만약에라도 성과가 좋지 않다면, 개인 투자에서의 실패는 가족의 실패로 이어지는 경우가 상당수다. 행복해지고 싶어서 투자를 시작했고, 여유 있는 삶을 위해서 돈을 벌고 싶었지만, 결국에는 그 반대의 경우에 맞닥뜨리는 경우가 적지 않다.

주식에 너무 몰두하고 있다는 생각이 든 뒤부터는 일부러라도 시간을 내어 어머니가 계신 시골에서 지낸다. 어머니는 마당 뒤편에 놓인 새로 만든 화로에 가끔씩 불을 피우시는데, 여전히 연기가 과하다 싶을 정도로 많이 난다. 아직 어머니는 전원생활에서 초짜라는 생각이 든다.

지치지 않고
걸어가는 법

인생의 새로운 도전으로 주식을 선택하는 이유는 평균적인 사람들의 속도보다 빨리, 그리고 많이 얻고 싶기 때문이다. 그러나 세상은 참으로 공평한 것이, 때로는 그러한 선택이 빨리, 그리고 많이 '잃게' 만들기도 한다. 우리는 영화를 보면서 감정의 소용돌이에 휩싸여 결코 하지 말아야 할 선택을 하는 주인공들을 마주치곤 한다. 그걸 보며 '아, 저건 아닌데', '저러면 안 될 텐데'라고 생각한다. 이러한 상황은 주식시장에서 감정에 휘둘린 투자를 하는 나를 보고 제3자가 하는 말과 거의 똑같다.

많은 사람들이 '주식투자는 위험하고 실패의 가능성이 높다'고 말한다. 하지만 나는 그렇게 말하고 싶지 않다. 주식으로 어느 정도 성공했다는 내가 그런 말을 한다는 것은 '내가 걸어온 가능성의 길을 다른 사람들은 걸을 수 없을 거야'와 같은 건방진 말일 수도 있기 때문이다. 대신 놀라운 성공의 가능성이 있는 만큼, 치러야 할 희생도 많다고 말하고 싶다. 나 역시도 마찬가지여서, 뒤돌아보면 잃은 것도 적지 않았다.

이것은 주식투자자에게는 피할 수 없는 운명이다. 벗어날 수 있는 사람은 아무도 없고, 오로지 할 수 있는 것이라고는 스스로 감정을 조절하는 방법인데, 역시 쉽지가 않다. "힘들수록 웃는 사람이 일류다"라는 셰익스피어의 명언도 있지만, 괴롭고 어려운 상황에서 이런 말을 들어 봤자 힘이 나지도, 감정이 순간적으로 신선해지지도 않는다. 사람이 자신의 솔직한 감정을 제대로 느끼고 표현하지 못한다면, 그것도 정상적이지는 않다. 그래서 셰익스피어의 명언은 '힘들지만 억지로 웃으라'는 이야기가 아니라, 일류인 사람만이 힘들어도 웃을 수 있다는 말이 아닐까 싶다. 나 역시 아직 그러한 경지에 이르기에는 부족하고 왜소한 지경에 불과하다.

주식투자자의 생활, 혹은 그보다 더 격하게 주식에 몸을 담는 전업 트레이드의 길을 선택했다면, 새롭게 받아들여야 할 것들도 같이 염두에 두어야 한다. 가족과 멀어짐, 시장이 끝났을 때 밀려드는 좌절감과 외로움, 돈을 번다고 그게 행복으로 끝나지 않고 또 다른 고민으로 이어지는 그 이상하면서도 애매한 상황까지 말이다.

더불어 투자와 삶의 밸런스를 잘 지키기 위한 노력도 반드시 해야 한다. 일반적으로 투자는 삶을 조금 더 풍요롭게 하기 위한 수단이지, 투자에서 반드시 성공하는 것이 목적이 되어서는 안 된다. 투자라는 것은 삶을 지속해나가는 동안 반려자처럼 관심과 애정으로 장기간 함께 하는 것이어야 한다. 단기간에 너무 많은 에너지를 쏟으면 원치 않는 결과를 봤을 때 더 큰 실망감과 배반을 느낄 수 있다. 많은 에너지를 진작에 쏟아 버렸기에, 포기하게 되기 마련이다. 투자에 집중하는 시간과 그렇지 않은 시간을 잘 구분 지어 효율적으로 사용하는 것 역시 투자자들이 반드시 갖춰야 할 덕목이다.

이성과 신념을 벗고
영감을 향해

    사회생활을 열심히, 잘 수행해 내는 사람은 주식도 성공적으로 해낼 수 있을까?

    어떻게 보면 주식투자나 사회생활이나 별반 차이가 없어 보이기도 한다. 열심히 공부하고, 꾸준히 인내하고, 원하는 목표를 성취하기 위한 부단한 노력은 주식과 사회생활에서 공통적인 성공의 분모처럼 보이기 때문이다. 가끔씩 사회적으로 성공한 사람들이 나에게 투자 조언을 해달라고 물어오기도 한다. 처음에는 당연히 개인적인 조언을 해드리기도 했다.

    그런데 그 조언이 한결같이 받아들여지지 않았고, 그들은 변하지 않았다. 처음에는 내가 너무 눈높이에 맞지 않는 조언을 했는지 의아했지만, 알고 보니 나의 문제는 아니었다. 사회적으로 성공한 사람들이 가질 수 있는 자신만의 깨지지 않는 신념. 바로 이것이 오히려 주식투자 행위를 방해하고 있었다.

펀더멘털이
무력해질 때

세상의 모든 사람들은 다 나름대로의 '신념'이라는 것을 가지고 살아간다. 그가 (사업에) 성공했든, 실패했든, 혹은 나이가 많든, 나이가 적든 신념이란 우리가 가지게 되는 본능과 비슷하다고 볼 수 있다. 그것이 진실이냐, 아니냐는 별로 상관이 없다. 그냥 신념 자체가 '존재'한다는 사실이 중요하다. 그런데 자신의 분야에서 성공했거나, 빛나는 성과를 만드신 분들일수록 가진 신념이 매우 단단하고 잘 깨지지 않는 특징이 있다. 그래서 이런 분들일수록 주식시장을 어려워하고, 좌절하는 경우를 꽤 많이 봤다.

주식을 아주 간단하게 요약해본다면 '어떤 종목이 오를 것인지를 맞추는 게임'이다. 어떻게 보면 매우 쉽게 접근할 수 있는 것이기도 하다. 특히 주식을 해보지 않았으면서 주식에 대해 자신감을 가지고 도전하는 사람들이 있다. 대체로 살면서 자신만의 성과를 이뤄왔으며, 세상을 대하는 자신만의 방법, 철학, 신념이 존재하고 그것을 통해 성공의 경험을 쌓아온 사람들이다. 그러다 보니 주식에서도 '이제까지 그랬던 것처럼' 자신의 방법이 먹힐 것이라고 생각한다. 이런 사람들은 대개 매우 '이성적으로 사고하는 집단군'이다. 기업을 예리하게 분석하고, 심지어 언론에 의해 부풀려진 부분까지 정확하게 짚어내는 실력을 갖췄다.

실제 투자를 할 때 기업의 펀더멘털을 판단하는 것은 기본 중의 기본이다. 성장 가능성, 실적, 기술력, 재무 상태 등을 감안해 얼마나 안정적이고, 가치 있는 기업인지를 따지는 것에도 매우 능하다. 그런 점에서 이성적으로 사고하는 그들은 투자를 위한 매우 훌륭한 기본기를 갖췄다고 할 수 있다. 그래서 이렇게 접근하면 투자에서 다 성공할 수 있을까? 안타깝지만, 절대 그렇지가 않다.

실제 주식시장에서는 '펀더멘털이 강한 기업'과 '투자했을 때 돈을 버는 기업'은 전혀 딴판인 경우가 많다. 그 이유는 주식시장은 때로 펀더멘털보다 더 강한 센티먼트에 의해 움직이는 경우가 허다하기 때문이다. 센티먼트(센티멘티) Sentiment 는 펀더멘털 반대의 개념으로 이성적이고 합리적인 판단이 아닌, 투자자들의 직관적이고 감정적인 분위기에 주목하는 투자 방법이다.

가장 쉬운 예로, 회사에 대한 긍정적인 기사가 실리면, 그것을 본 많은 투자자들이 한꺼번에 몰리면서 주가가 오르는 현상이다. 이에 관한 어떤 연구에 의하면, 한번 자극적인 센티먼트가 형성되면, 그 효과가 1~2개월 정도까지 지속하는 것으로 나타났다. 그리고 다시 원래의 상태로 돌아오기까지는 또다시 2개월 정도가 걸리게 된다. 센티먼트의 작용은 이성적으로 사고하는 사람들을 무력감에 빠뜨린다.

예를 들어 센티먼트가 없는 상태에서 자신의 시나리오를 믿고 투자를 했는데 전혀 예상치 못한, 느닷없이 부정적인 기사가 나오면 애초의 시나리오는 와르르 무너질 수밖에 없다. 내 시나리오가 틀린 것이 아니라, 센티먼트의 영향력이 그만큼 강하기 때문이다. 이성적으로 사고하는 사람들이 자신의 이성으로 파악하고 제어되지 않는 상황에 두려움을 느끼는 것은 매우 당연한 일이다.

나를 찾아올 영감을
기다리며……

이 모든 문제의 배경에는 바로 이성과 신념이 존재한다. 이러한 것들은 사적으로나 사회적으로나 매우 훌륭한 역할을 하지만, 주식에서만큼은 오히려 현실을 직시하는 것에 방해물로 작용한다.

'이 종목이라면 당연히 올라야 하는 것 아니야?'

'이런 동전주에 모멘텀이 있을 리가 없잖아?'

이러한 확신은 투자에 필요한 유연한 사고를 방해한다. 우리는 주식을 하면서 끊임없이 판단을 내리지만, 중요한 것은 그것에 어느 정도의 확실성을 부여하느냐이다. 계속해서 판단을 해나가지만, 그렇다고 확실하다는 신념을 갖지 않는 것. 뭔가 알고는 있지만, 그렇다고 그게 전부는 아니라는 인정. 말하자면 이것이기도 하지만 저것이기도 한 것이다. 이성과 합리적 판단에 익숙한 사람들은 이런 것을 잘 받아들이기가 쉽지 않다. "그래서 그게 도대체 뭐냐 말이야?"라고 당장 정의내릴 것을 요구하겠지만, 그것은 정의될 수 없는 '영감'의 영역이라고 생각한다.

시장은 감성만 가지고는 성공투자의 근처에도 갈 수 없고, 이성만으로는 도저히 이해할 수 없다. 그래서 필요한 것이 바로 경험이 만들어 내는 미세한 시그널, 바로 '영감'이다. 그런데 영감이 도대체 어디에서 오는지, 무엇 때문에 오는지 나 역시 알기 힘들다. 그것은 누군가로부터 배울 수도 없고, 그것에 진입하는 가이드라인도 없다. 오로지 홀로 깨우쳐 나갈 수밖에 없는 것이다. 설명하기 위해 여러 가지를 시도해본 것 중 하나를 꼽으라면 나는 '시장의 에너지를 느끼는 힘'이라고 표현할 수 있을 것 같다. 호재에 시장이 하락하고, 악재에 시장이 상승하는 이 기묘한 사태를 이해하는 것은 그 시장의 바닥에 흐르는 에너지를 느껴야만 가능한 일이기 때문이다.

영감은 내가 찾으려고 해서 찾아지는 것이 아니라, 영감이 나를 찾아와야 한다고 생각한다. 그러려면 확고한 신념과 이성으로 무장된 나를 우선 해제할 수 있어야만 한다. 내가 똑똑하다는 사실, 내가 쌓아왔던 견고한 생각의 탑에서 벗어날 수 있을 때, 그리고 정의되지 않는 것들과 애매한 상황에 적응해나가면서 나만의 촉을 세울 때 비로소 '영감'이 우리를 자연스럽게 찾아올 것이다.

주도주와 뇌동매매
사이에서

    사람에게 성격이라는 것이 있듯, 개별 종목들도 성격을 가지고 있다. 흔히 말하는 우량주, 경기 민감주, 성장주, 가치주, 소외주 등이다. 그런데 이러한 종목의 성격에서 우리가 가장 주목해야 할 것은 바로 '주도주'이다. 강한 힘을 가지고 전반적인 주가를 이끌어가는 주식이기 때문에 사실상 투자자들이 바라는 가장 이상적인 성격을 가지고 있다. 그래서 이 주도주에만 제대로 투자해도 얼마 지나지 않아 돈을 벌 수 있겠다는 생각을 한다.

    그런데 문제는 주도주 투자와 소신 없이 남을 따라 하는 뇌동매매가 겉으로는 상당히 닮아 있다는 점이다. 주도주에도 많은 사람이 몰리고, 마찬가지로 뇌동매매에도 많은 사람이 몰리기 때문이다. 주도주와 뇌동매매 사이에서 균형을 잡고 소신을 지키기 위해서는 이 둘을 구별할 수 있는 관점이 있어야 한다.

가장 이상적인 주식,
주도주

주도주의 성격은 마치 '완벽한 미남, 미녀'를 보는 듯한 즐거움과 듬직한 큰아들을 둔 것 같은 안도감을 준다. 투자자들이 집중적인 투자를 하고 있으며 변수의 타격을 많이 받지 않고, 설사 타격을 받더라도 금세 자신의 페이스를 다시 회복하는 종목. 여기에 어느 정도의 매출 예상치가 확실하게 보이고 기대감으로 지나친 거품이 끼어있지 않는 종목. 투자를 조금이라도 해봤다면 주도주의 매력에 흠뻑 빠질 수밖에 없다.

과거 주식시장에 '차화정'이라는 말이 있었다. '자동차-화학-정유'에서 한 글자씩 딴 것으로 당시의 주도주를 의미했다. 만약 이런 주도주에 투자를 했다면 10년 동안 상승과 하락을 반복하더라도 시장 수익률을 훨씬 초과하는 수익률이 나오게 된다. 딱히 머리 아픈 공부를 하지 않아도, 매일 주식창을 바라보고 있지 않아도 나에게 황금알을 낳아줄 것 같은 느낌이 들기도 한다.

그러나 주도주는 시대의 변화에 따라 달라진다. 대기업 주식이라고 늘 주도주도 아니고, 자동차라고 늘 주도주일 수는 없다. 또, 회사가 탄탄하다고 해서 반드시 주도주가 된다는 법도 없다. 금융주나 통신주는 회사가 안정적일 수는 있지만 거의 소외주에 해당한다. 현재 시대의 주도주라고 한다면 '배터리, 반도체, 신재생에너지'를 들 수 있다. 여기에 헬스케어를 넣기도 하고, 친환경 관련주가 포함될 수도 있다.

트레이딩을 할 때에도 주도주들이 눈에 띈다. 거래의 속도 자체가 빠르게 움직이며 그 강도도 강한 종목이 그것이다. 거래의 속도가 빠르다는 것은 그만큼 팔고 싶은 사람도, 사고 싶은 사람도 많다는 것을 의미한다. 즉, 이슈가 된다는 의미이다.

사실 이렇게만 보면 '주식이 뭐가 어렵냐?' 싶기도 하다. 전문가들이 공통적으로 제시하는 주도주 몇 개만 가지고 시간이 흐르기만을 기다리면 되지 않은가 싶은 생각이 드니 말이다. 그러나 그렇게 해서 돈을 벌 수 있다면, 세상의 모든 돈은 주도주로만 몰렸을 것이며, 투자한 이들 전부 돈을 벌었어야 했다.

주도주에 대한 과도하게 낙관적인 생각은 수능 만점을 받은 학생에게 공부 비결이 뭐냐고 물었을 때 '교과서를 중심으로 열심히 공부했다'는 대답을 들은 것과 같다. 수능을 보는 학생 중에 교과서가 없는 학생이 어디에 있겠는가. 마찬가지로 지금 인터넷 검색

창에 '주도주'를 입력하면 누구나 4~5개의 뉴스는 잡아낼 수 있다. 문제는 전문가들이 주도주라고 제시하는 것도 끝내 주도주가 되지 못하는 경우가 많은 점, 지금은 설사 주도주라고 하더라도 이미 내부적으로는 주도주의 성격을 잃었을 수도 있다는 점이다.

그 주도주는 '정말' 주도주일까?

2020년 10월, 메이저 언론의 어느 칼럼에서 꽤 의미심장한 통찰을 보았다. '매 순간 주도주만 선택하여 성공적인 투자를 이룬 사람은 없다'는 내용이었다. 예를 들어 중국에 화장품 수출이 사상 최대 실적을 돌파했던 2015년 화장품 등의 소비재에 투자하고, 2017년 큰 수익률을 남긴 제약과 바이오주에 투자하고 이후에 삼성전자를 샀다가 2018년 코스피 2600선에서 전부 판 다음 2020년 코로나19로 주가가 대폭락했을 때 언택트 Untact 관련주를 담은 사람이 없다는 이야기다. 그리고 이런 사람은 앞으로 50년 동안에도 없을 것이라 단언한다.

이 칼럼에서는 주도주를 판별해 내고 그것을 청산하는 시점을 파악하기가 얼마나 어려운지를 잘 말해주고 있다. 심지어 운용사들 역시 타이밍을 잡지 못하는 경우가 허다하다.

하지만 내 경험상 주도는 꽤 강한 힘으로 상승해 나가는 특징을 가지고 있다. 예를 들어 강한 주도주의 상승장은 대체로 6개월이나 1년까지 이어지는 경우가 많다. '이것이 주도주다'라는 윤곽이 드러난다고 하더라도 강한 힘은 한동안 지속될 수 있다. 따라서 주식투자자라면 주도주에 대한 관심을 끊임없이 가져야 하며, 무엇이 다음 장의 주도주가 될 것인가를 고민하고 연구해야 한다.

다만 너무 섣불리 '이것이 주도주다'라고 판단해서는 안 된다. 한때 강한 힘을 받아 앞으로 나가는 '성장주'일 수는 있지만, 그것이 '주도주'는 아닐 수도 있기 때문이다. 또한 미래의 매출에 대한 기대감을 미리 가져와서 반영한 가짜 주도주도 있을 수 있다.

진짜 문제는 바로 '뇌동매매'이다. 여기에서 '뇌동'은 '부화뇌동(附和雷同)'이란 사자성어에서 나왔는데, '우렛소리에 맞춰 함께 한다'는 의미이며 뚜렷한 소신 없이 그저 남이 하는 대로 따라가는 주식투자를 말한다.

주도주에 투자하는 것과 남들을 따라서 하는 뇌동매매는 겉모양세로는 매우 비슷하다. 둘 다 주가가 상승정에 있고, 많은 사람들이 몰리는 형태를 하고 있기 때문이다. 그런데 이 둘을 가를 수 있는 결정적인 기준이 하나가 있다. 예를 들어 주식의 세계에는 이런 말이 있다.

'1억 원 씩 계좌를 가지고 있는 100명이 나의 회원이면, 나도 동

전주 하나를 롤링 rolling 할 수 있다.'

이는 엄밀히 말해 주가조작을 한다는 뜻이다. 내가 굴릴 수 있는 100억 원으로 시장의 관심에서 벗어난 동전주를 얼마든지 띄울 수도, 낮출 수도 있음을 보여준다. 이럴 때 공부가 확실히 되어 있는 투자자라면 동전주가 뜨는 이유를 분석하고, 근거가 타당하지 않다면 '주가조작이다'라는 판단을 내린다. 다른 투자자에게 휩쓸리는 뇌동매매자는 그것을 '주도주'로 착각한다.

주도주는 투자자들이 가장 주목해야 할 종목임에는 틀림없지만, 섣불리 판단하고, 올인해서는 안 된다. 초보 투자자일수록 '뭐라도 잡을 지푸라기'가 간절하게 필요한데, 이때 '주도주'라는 외침은 희망의 빛줄기를 만난 것 같은 착각을 일으킨다. 물론 주도주를 찾으려는 노력은 충분히 의미가 있다. 그래도 무작정 신뢰해서는 안 된다. 예를 들어 '배터리주'는 부품과 하청 관련 회사만 30~40개나 된다. '배터리주가 뜬다'고 해도 30~40개의 주식이 모조리, 동시에 오를 리는 없다.

주식은 언제나 희망을 찾아가는 투자행위여야 한다. 수익을 내려는 것도 희망이지만, 변동성을 줄여나가는 것도 희망이다. 결국은 공부만이 그것을 만들어 낼 수 있다. 누군가가 추천한 것을 섣부르게 믿기보다는 스스로 이해한 합리적인 이유를 따를 때 진짜 희망을 찾을 수 있을 것이다.

종목추천,
힌트와 조작 사이

주식시장에서 종목을 추천해준다는 것은 매우 일반적인 일이다. 그런데 경우에 따라서는 매우 위험한 경계선을 오가는 일이기도 하다. 전문가로 일컬어지는 사람이 객관적인 시각으로 종목을 추천해준다면 문제가 생기지 않을 것이다.

문제는 '추천'의 이름을 빌려 주가를 조작할 수도 있다는 점이다. 실제로 대중들에게 매우 잘 알려져 있던 A 씨는 이렇게 선을 넘다가 압수수색을 당하고 결국 구속되기도 했다. 주식하는 사람이면 모를 수가 없는 분이라 나 역시 그를 알고 있었지만, 워낙 세간의 평이 좋지 않아 딱히 신뢰할 수는 없었다.

A 씨가 추천하는 종목에는 늘 많은 회원들이 몰리곤 했다. 즉 말 한마디에 주가가 왔다 갔다 했다. 정작 그는 늘 "나는 힌트를 줄 뿐이다"라고만 말했다. 그리고 그걸 진심으로 믿는 듯했다.

그 분이 정말로 자신의 행동을 힌트라고 믿었다고 한들, 선행 매매가 주가조작의 범위 안에 들어가는 것은 틀림없는 사실이다. 순수한 추천이라면 모르겠지만, 힌트를 빙자한 말을 듣고 특정한 주식을 사면 말 그대로 '호구'의 입장에 처하게 된다.

매매중독과 수수료 재앙,
그 악순환의 형제들

얼마 전, 한 스타트업 대표가 강연을 하는 영상을 보다가 참 멋진 말을 들었다.

"모든 스타트업들의 성공은 밖에서 볼 때는 벼락 성공처럼 느껴진다. 하지만 그 성공은 첫날 일어나는 것이 아니라 500일째에 일어난 것이다Every startup is an overnight success, but it happens on 500th night."

이 말은 '성공'이라는 두 글자에 다가가기 위해 얼마나 적지 않은 인내심이 필요한지를 잘 보여주고 있다. 주식시장에서의 성공도 마찬가지다. 오랜 시간 공부하고 인내의 과정을 거쳐야 성과물을 얻지만, 상당수의 사람들이 인내하지 못하고 잘못된 방법에 의지하려고 한다. 가장 대표적인 것이 바로 매매중독이다.

스캘핑 매매의
단점

주식투자 초기에 내 마음은 항상 급했다. 주식시장에서 나를 인정받아야 하고, 하루빨리 가난에서 벗어나야겠다는 생각이 전부였다. 무엇보다 어머니가 더 이상 음식점에 나가서 고생하시는 것을 막고 싶었다. 매일 통증과 싸우시던 어머니의 모습에서 나는 '인내'보다는 '속도'에 더 방점이 찍힌 투자를 할 수밖에 없었다. 초기에는 주로 스캘핑 매매를 했는데, 이는 거래 시간 자체를 2~3분으로 매우 짧게 가져가는 단타였다. 다소 위험성이 있지만, 그래도 매일 수익을 실현할 수 있다는 점, 짧은 시간에 승부를 볼 수 있다는 점 때문에 그 매매법을 주로 활용했다.

그런데 어느 순간부터는 스캘핑을 하지 않으면 불안하고 초조한 마음이 들기 시작했다. 당시에는 잘 몰랐지만, 그러한 증상 자체가 이미 매매중독에 걸린 것이었다.

주식초보자들이 빠질 수 있는 가장 큰 위험 중의 하나가 바로 매매중독이다. 일단 가장 가볍게 시작되는 매매중독의 증상은 현금을 보유하지 못하고 대부분의 돈을 주식에 넣고 있다는 점이다.

'주식투자를 할 때에는 반드시 현금을 보유하라'는 조언을 수없이 들었음에도 불구하고 그들은 일단 현금이 있으면 주식을 사게 된다. 일단 하락장이니 '싼값에 사야 한다'는 생각이 강하게 작용한다. 전체 포지션 중에서 20~30퍼센트를 줄여서 현금을 보유하고 있는 상태이기는 해도 장이 오르기 전에 빨리 올라타야 한다는 생각에 현금을 남김없이 털어 넣는다.

일단 주식투자를 하면서 현금을 보유하지 못하고 계속 주식을 산다면, 매매중독의 시작이라고 볼 수 있다. 구체적인 기준을 들어본다면, 직장인이 일주일에 2~3번 정도를 거래하면 문제가 심각해진 것이다. 만약 내가 직장인이라면 일주일에 한 번 정도가 적당하다.

매매중독의 가장 큰 원인은 '불안과 초조', 그리고 '인내심의 부족'이다. 상승장에서 나만 돈을 벌지 못하는 건 아닌지 하면서 느끼는 불안함, 그 상승장이 끝나면 다시 하락장으로 갈 것이라는 생각에 이르러 초조함을 느끼게 된다. 이러한 반복적인 생각의 패턴에 빠지게 되면 계속해서 매수와 매도를 하게 된다. 더구나 인내심이라는 브레이크 장치가 없으니 매매중독은 끝을 모른 채 가속하게 된다.

이 상태에서는 자신만의 '원칙'이라는 것이 완전히 사라진다. '혹시 오르지 않을까?', '혹시 내리면 어떻게 하지?'라는 아주 막연한 추측만이 자리를 잡고 있다. 왜 오르고, 왜 내리는지에 대한 자신만의 논리는 완벽하게 무너진 상태가 되는 것이다. 그리고 이러한 심리적 상태에서는 '일단 사두어야 돈을 벌 수 있지'라는 생각에 계속해서 현금을 탕진하며 주식에 돈을 쏟아붓는다. '수수료 재앙'이라는 또 다른 악재가 기다리는 줄 모른 채 말이다.

가만히 앉아 있어도
손해 보는 구조

이런 상황을 한번 가정해보자. A라는 사람이 일주일에 세 번 정도씩 주식거래를 한다고 해보자. 한 달이면 12번이고, 1년이면 144번이다. A는 늘 가격이 1만 원인 주식을 1만 원에 사고, 다시 1만 원에 팔았다. 그가 얻은 수익은 0원, 손실도 0원으로 보인다. 그런데 그의 총 주식투자금이 1억 원이었다면, 과연 그 1억 원이 고스란히 남아 있을까? 정확하게 계산해보면 그의 계좌에 남아 있는 돈은 6400만 원이다. 그렇다면 나머지 3600만 원은 어디로 갔을까?

3600만 원은 거래 수수료이다. 1년에 144번의 거래가 발생하고, 매번 거래에서 0.25퍼센트가 사라진다고 할 때, 이를 다 더하면 전체 금액의 36퍼센트를 차지한다. 우리가 '1만 원에 샀고, 1만 원에

팔았으니 그래도 손해는 아니네!'라고 안심하고 있는 순간, 수수료에 대한 고민은 전혀 이루어지지 않는 것이다.

우리나라와 달리 미국은 수수료가 거의 없는 대신, 돈을 벌었을 경우 양도세 20퍼센트를 내게 된다. 반면 우리나라는 양도세가 없는 대신 매번의 거래에 수수료가 붙는다. 예를 들어 100만 원의 0.25퍼센트는 2,500원이다. 뭐 그다지 비싸 보이지 않는다. 스타벅스 커피 한 잔보다 싼 편이기 때문이다. 1000만 원의 0.25퍼센트는 2만 5,000원이다. 이것도 마찬가지다. 치킨 한 마리나 피자 한 판 시켜도 2만~3만 원 정도 하니까 역시 감당할 수 있는 금액이라며 가볍게 여긴다. 그러나 매일 하루에 세 번씩 치킨이나 피자를 먹는 사람은 없다. 매일 세 번씩 주식거래를 하고 수수료를 떼면 그 비용이 폭등한다. 가만히 앉아 있어도 1년에 1억 원이 6400만 원이 되는 '수수료 재앙'을 만나게 된다는 이야기다. 투자자 대부분은 수수료가 있다는 사실 자체는 알고 있으면서, 그것이 반복되고 누적되면 얼마나 큰 타격이 되는지를 잊어버린 채 거래를 한다.

매매중독과 수수료 재앙은 서로 철저한 악순환의 형제들이다. 하나가 오면 당연히 하나가 따라오는 지독한 녀석들이기도 하다. 이들에게 농락당하지 않기 위해서는 '자산의 20~30퍼센트는 무조건 현금으로'라는 원칙을 견지해야 한다. 이 원칙에 대해서는 토를 달아서는 안 된다. 예를 들면 합리성을 가장한 이런 욕심의 목소리들이다.

"지금 한창 오르고 있는데 뭐하러 이자도 없는 20~30퍼센트를 현금으로 남겨야 해?"

"지난번 손실을 이번 투자에서 만회하려면 조금 더 넣어야 하는 거 아니야?"

스물스물 기어오르는 이러한 목소리를 배제하는 데 있어서 조금의 용납도 없어야 한다. 군대 용어로 '까라면 까라'는 말도 있듯이, 최소한 매매중독에 있어서 만큼은 동일한 논리가 적용되어야 한다.

매매의 횟수 자체가 투자의 성공을 이끌어 내는 것은 절대 아니다. 속담은 "열 번 찍어 안 넘어가는 나무는 없다"라는 말을 전하고 있지만, 매매에서는 백 번을 찍어도 매번 내 도끼만 작살이 날 수가 있다. 횟수를 줄이고 생각을 하는 것, 그리고 원리를 찾는 것이 단 한 번의 도끼질로도 나무를 부러뜨릴 수 있는 힘을 줄 것이다.

매매중독의 본질적
이유와 벗어나는 법

매매중독은 돈을 벌었을 때의 기쁨 때문에 발생하는 것이라고 생각하기 쉽다. 그러나 꼭 그것 때문만은 아니다. 인간이 느낄 수 있는 희로애락 모든 감정이 중독을 유발한다. 돈을 잃었다는 분노와 슬픔까지도 중독의 실재적인 원인이 될 수 있다. 이러한 감정들은 기쁨만큼이나 강한 행동력을 가져온다.

일단 매매에 중독되면 가장 손쉽게 무시되는 것이 바로 매수와 매도를 위한 자신만의 기준인 '스트라이크 존 Strike Zone'이다. 스트라이크 존에 들어와 있지도 않은 상태에서 매수와 매도를 한다는 것은 곧 나의 거래가 희로애락에 완전히 지배당하고 있다는 말과 같다. 나 역시 매매중독에 시달렸고, 벗어나기 위한 여러 방법을 테스트해보기도 했다. 그중에서 가장 효과적이었던 것은 바로 '지금의 감정적인 투자가 다음번의 기회비용을 날려버릴 수 있다'는 점을 끊임없이 상기하는 일이었다. 지금의 거래에서는 실패했더라도 내일의 거래, 혹은 다음의 거래를 좀 더 완벽하게 하면 된다. 그런데 지금의 거래에 현금을 쏟아부으면 다음을 기약할 수 있는 비용이 사라진다. 보유한 현금이 '황금알을 낳는 거위'는 아니더라도 '그럴 가능성이 있는 거위'라는 점에서 거위 잡기를 멈춰야겠다고 생각한다면, 매매 버튼을 누르고 싶은 욕망을 이길 수 있을 것이다.

스마트 머니가 만드는
지라시의 착시현상

　사람은 누구든지 한번 성공을 맛보면 더 큰 성공을 추구하게 되고, 그 성공을 부르는 자신만의 비밀스러운 방법을 더 견고하게 만들고 싶어진다. 그 어느 때에도 흔들리지 않는 완전함을 갖고 싶기 때문이다. 주식을 시작한 지 2년 정도가 되었을 때 어느 정도 안정적인 수익을 올리고는 있었지만, 그렇다고 나의 투자를 늘 확신할 수는 없는 상태였다. 오랜 고생 끝에 이뤄낸 안정적인 투자였기 때문일까? 장세에 흔들리지 않는 더 확실한 투자 스타일을 확립하고 싶었다. 그때 접하게 된 것이 바로 지라시 정보들이었다. 그곳에는 상상도 못한 별난 뉴스와 뒷이야기들이 펼쳐져 있었다. 주류 언론과 방송에서는 거의 들을 수 없는 내용들이었기에 그 자체가 신기했고 처음에는 가히 금맥을 캐는 것과 같은 기분이 들기도 했다. 만약 이 정보들이 맞아떨어진다면 한 손에는 이제껏 힘들게 이뤄온 나의 노하우를, 또 한 손에는 주식의 세계를 굽어볼 수 있는 천리안을 가질 수 있을 것만 같았다.

반복적인 실패의 원인은?

처음 접한 지라시에서 나의 눈길을 확 잡아끈 것은 T라는 유전기업이 유전을 발견했다는 내용이었다. 석유는 지구상에서 가장 중요한 자원이며, 그 자체로 돈이다. 그러니 기업이 유전을 발견했다는 소식은 주가를 끌어올리는 강한 모멘텀이 아닐 수 없다. 나는 이러한 확신을 가지고 주식에 투자했지만, 주가는 잠시 오르는 듯하더니 이내 하락하곤 했다. 그때는 T 기업의 주식이 하락하는 이유 자체를 이해할 수 없었다. 결국 몇 번 지라시에 의한 투자를 하면서 지속적인 손실이 생겼고 그로 인해 계좌의 잔고가 빠르게 망가졌다.

어쩌면 나와 같은 유혹을 느낀 사람도 있을 것이고, 지금도 지라시에 근거해 투자하는 사람들도 있을 것이다. 하지만 이러한 매매법은 주식투자를 할 때 가장 빠지기 쉬운 유혹이자 최악의 매매법이다. 그럼에도 이런 정보에 의지하는 것은 마음에 생기는 최소한의 불안을 잠재워주고, 대체로 지라시에 등장하는 내용들 모두가 투자자에게 힘과 용기를 북돋워 주기 때문이다.

'A 회사에서 상당히 혁신적인 기술이 발표될 예정이다.'

'B 회사의 CEO 리스크가 곧 터질 것 같으니 빨리 팔아라.'

정말로 시키는 대로 하지 않으면 큰일이 닥칠 것 같은 마법의 주문 같아 보인다. 뿐만 아니라 정황이 상당히 구체적으로 진술되어 있는 경우도 있기 때문에 신빙성이 느껴지기도 한다. 나의 경우에는 유튜브 구독자가 '팬심'으로 정보는 건네주는 경우도 있었다. 지금도 여전히 지라시는 날아오고 있다.

하지만 지라시는 투자자가 스스로 축적해야 할 자생적인 판단과 경험, 실패로부터 배우는 자세, 정보의 숲에서 판단을 요하는 인내심을 모조리 망가뜨리는 등의 악영향을 미친다. 내가 T 기업의 주식이 하락하는 이유 자체를 이해할 수 없었던 것도 바로 이런 까닭에서였다. T 기업에 대해서는 아주 기초적인 정보밖에 모른 상태에서 무조건 지라시에 의존했으니 그 내밀한 주가의 흐름을 전혀 판단해볼 기회 자체를 갖지 못한 것이나 마찬가지이다.

지라시의 정보는 단순히 확률적인 계산만 해봐도 그 신뢰성이 현저하게 떨어진다. 나의 경험에 따르면 열 개 중에 두 개 정도는 맞을 수가 있다. 하지만 이 20퍼센트의 신뢰도를 나의 투자 패턴에 반영시킨다는 것은 너무나 큰 위험성을 감수하는 일이다.

물론 "열 개 중에 두 개만 건져도 그게 어디예요?"라고 반문할 수도 있다. 그러나 매번 그 두 개를 정확하게 집어내는 것 자체가 불가능하다. 아무리 초보 투자자라도 성공과 실패의 확률은 각각 50퍼센트이다. 눈 감고 찍어도 투자의 반은 성공시킬 수 있다는 것인데, 이런 상황에서 20퍼센트의 확률은 '초보자의 무작정 찍기'보다 못한 확률에 불과하다.

정보의
유통단계와 신뢰성

지라시 정보들의 신뢰성이 떨어지는 또 하나의 이유는 그러한 정보가 생산되고 유통되는 과정을 보면 알 수 있다. 소위 말하는 '정보'라는 것은 극소수의 사람이 외부로 발설하는 것이다. 피라미드의 최상단에 있는 사람이 그것을 알고 사적으로 정보를 건네게 된다. 그런데 만약 당신이 회사의 최고 경영자나, 혹은 비서실, 기획실의 핵심 인력이라고 해보자. 그런 정보를 손에 쥐고 있다면, 가장 먼저 누구에게 그 정보를 전할까? 그냥 친하다고 주지는 않을 것이다. 인맥 중 추리고 추려서 반드시 알아야 하는 소중한 사람에게만 전하게 된다. 그런데 그 '소중한 사람'에게는 나름의 소중한 사람이 있다. 이런 과정을 반복하며 점점 피라미드의 아랫단까지 내려오게 된다.

문제는 이렇게 거르고 걸러서 내려오는 동안 시간이 흐르고, 이미 살 사람은 모두 사고, 팔 사람은 모두 판 상태가 된다. 만약 당신이 그 정보를 듣는 즉시 뭔가 행동으로 옮겼다고 해도, 늦어도 한참 늦은 시간이라고 봐야 한다. 결국 다른 사람들의 호구가 되어 남은 물량만 처리해주는 불쌍한 신세가 된다는 이야기다.

또 하나는 설사 회사의 내부 관계자가 준 정보라고 하더라도, 그 정보는 너무 단편적이라 종합적인 주가의 흐름 자체에 거의 영향을 주지 않는 경우도 꽤 많다. 예를 들어 누군가가 기술개발 관련 임원으로부터 '특별한 기술을 개발했다'는 말을 들었다고 해보자. 물론 그 개발 자체는 사실이라고 하더라도, 그것을 상용화시키는 과정에서 어떤 난관이 예상되고 향후 어떤 문제가 있을지는 알 수가 없다. 그 내부 사정을 속 시원하게 알고 있지 못하는 이상, 단편적인 정보는 거의 의미가 없다고 봐도 무방하다. 주가는 어떤 특정한 하나의 요소에 의해서 움직이는 것이 아니기 때문이다.

또 다른 하나는 '스마트 머니'의 존재이다. 말 그대로 '똑똑한 돈'이다. 스마트 머니는 기본적으로 투자에 매우 밝은 사람들이 장세에 따라서 움직이는 돈을 의미한다. 주로 뛰어난 개인투자자들과 일부 기관투자자들이 그 대상자라고 할 수 있다. 그들의 장세 예측은 미래를 내다보는 것 같이 움직인다. 그들은 기업의 현재 모습에 투자하는 것이 아니라 미래 모습에 투자를 한다. 그래서 그들의 투자 과정을 보면 마치 어떠한 정보가 언제 나와야 하는지 미리 알고 있는 것처럼 반응하곤 한다. 따라서 일반 투자자들의 눈에는 '왜 저렇게 투자하지?'라는 의문이 들 정도이며, 시간이 흘러야만 비로소 그 퍼즐의 조각을 맞추게 된다.

예를 들어 스마트 머니가 현대차의 주가를 예측한다고 해보자. 그들은 수출지표 데이터, 중고차 판매지수, 글로벌 지사의 딜러 마진 추이 등의 지표를 활용하여 5~6개월 전에 미래를 예측하기 시작하면서 서서히 매매를 준비한다. 하지만 일반인들은 다음 분기가 다가오는 시점, 즉 겨우 1~2개월 전에야 비로소 다음 분기 실적을 예측하고 그때 행동으로 움직이게 된다. 여기에서 지라시의 역설이 발생한다. 이미 스마트 머니가 활동하면서 주가를 특정하게 움직여 가고 있는데, 지라시는 그 사실 자체를 파악하지 못하는 경우가 태반이며, 결과적으로 잘못된 투자 정보를 주게 된다. 결국 이런 정보에 의존해 투자를 하게 되면 실패에 이르고 만다.

결국 믿을 건
나 자신 뿐

주식시장은 가장 똑똑하다고 자부하는 사람들이 발 벗고 뛰어드는 시장이다. 그들은 0.1초라도, 혹은 0.01초라도 선행하는 투자 모델을 찾기 위해, 천문학적인 금액을 로비로 사용하고 그렇게 만들어진 데이터들을 받아서 수익 모델들을 완성해나가려는 노력을 멈추지 않는다.

이러한 모든 노력들을 깡그리 무시한 채 누군가에게서 주어지는 불확실한 정보에 의존해 투자를 지속한다면 장기적으로는 침팬지에게 마우스를 맡기는 것보다 못한 수익률을 보게 될 것이라 확신한다. 이는 지속 가능한 투자가 아니며, 자신의 능력을 키우는 투자도 아니다. 설사 돈을 잃어도 우리는 경험이라는 것을 얻어야 하는데, 정보에 의한 투자는 이러한 경험마저 남아있지 않는 허망한 실패일 뿐이다.

증권사의 보고서도 매우 유용하지만, 결국 가장 확실한 것은 결국 '나 자신의 결정'일 수밖에 없다. 나 역시 투자 전에는 보고서를 전부 읽어보려고 하지만, 투자의 결정적 단서로 생각하지는 않는다. 그들의 보고서가 얼마나 훌륭한지와 별개로 내가 언제 사고, 언제 팔아야 할지 직접 결정 내릴 수 있는 철학이 없다면, 아무런 의미가 없다. 보고서를 읽고 매수했다가 폭락한다고 해서 그들에

게 전화해서 책임을 물을 수도 없고, 그들에게 "하락장에도 견딜만
한 더 좋은 보고서를 내놔!"라고 협박할 수도 없다.

결국 투자를 장기적으로 삶의 일부분으로 지속하려면 언제 사
고 언제 팔아야 할지에 대한 자신만의 기준점을 궁극적으로 가져
야만 한다. 지라시도, 보고서도 아닌, 바로 '내가 만든 보고서'를 말
이다.

과감함과
무모함의 차이점

주변의 성공한 주식투자자들을 자주 만나다 보면 그들에게서 몇 가지 공통점을 발견할 수 있다. 쉽게 감정에 동요되지 않는 성격, 본인이 원하는 투자 시점까지 기다리는 인내심, 생각대로 주식이 움직이지 않을 때는 과감하게 반대 포지션을 잡는 유연함이다. 감히 나를 '성공한 투자자'로 규정해본다면, 그들과의 공통점에서는 매우 일치한다.

그런데 딱 한 가지 그들과 다른 점이 있다. 바로 '과감함'이다. 나보다 훨씬 큰돈을 움직이는 투자자들은 매우 과감하게 베팅하는 성향이 있다. 확신이 들었을 때 재빠르게 움직이는 것이 수익률을 극대화하는 방법이지만, 나는 과감함이 부족해 때로 기회를 놓치는 경우도 있다. 하지만 과감함은 때로 큰 몰락을 만들 수 있다는 점에서 반드시 고찰하고 가야 하는 투자 스타일이다.

단 이틀, 충격적인
7억 원의 빚

한참 성장기를 지나는 두 아이의 아빠가 주식으로 진 빚이 7억 원이라면 어떨까? 평소에 올바르지 못한 투자로 실패를 반복했다면 인과응보라고 할 수도 있을 것이다. 하지만 그는 서울대 공대를 나온 명석한 두뇌로 주식시장 전반을 이해하고 있었고, 자신만의 투자 스타일을 온전히 확립했다.

그런 그가 갑작스럽게 전 재산을 잃고 엄청난 빚을 지게 되었으니, 나도 처음에는 상당한 충격을 받았다. 그의 소식을 듣고 아는 분과 함께 그를 호프집에서 만났다. 사람에게 죽기 직전의 모습이라는 것이 있다면, 바로 그의 모습이라는 생각이 들 정도였다. 그가 삶을 포기하지는 않을까 하는 걱정까지 들었다.

그가 결정적 실수를 하게 된 것은 바로 공매도였다. 4~5년 전만 해도 우리나라 주식시장에서 공매도는 잘 활용이 되지 않았다. 그러나 그는 공매도 포지션을 매우 잘 응용하는 투자자였으며, 기업 가치에 프리미엄이 형성되면 기회를 놓치지 않고 하락에 베팅해 상대적으로 높은 성공률을 보였다. 그의 투자 스타일이 한편으로는 부럽기도 했다. 나에게 없는 과감함이 있었기 때문이다. 나는 극단적인 리스크를 회피하는 경향이 매우 강하기 때문에 다른 투자자들에 비해 수익률이 떨어지는 경우가 있다. 반면 그들보다 계좌의 변동성은 약하기 때문에 그것을 장점이라고 여기고 있었다.

그가 갑자기 전 재산을 잃고 큰 빚을 진 배경에는 바로 이 과감함이 존재하고 있었다. 당시 그는 Y 제약회사의 주식이 급격히 상승하고 하락할 때 공매도 포지션을 잡았다. 그런데 다시 예상치 못한 호재가 작용해 두 번이나 상한가에 갇혀버린 상태였다. 하지만 그는 자신의 포지션에 대한 확신이 있었고, 매우 확실한 투자지점이라고 판단했다. 그는 과감하게 레버리지를 써서 전 재산보다 두 배를 초과하는 베팅을 하게 됐다.

결과는 비극이었다. 투자한 모든 돈이 순식간에 사라지기까지는 딱 이틀이면 되었다. 그 상태라면 그는 시장에서 퇴출될 수밖에 없는 상황이었다. 하지만 내가 아는 그는 충분히 잘해왔고, 단 한 번의 실수로 퇴출되어서는 안 되는 사람이었다.

"증권사랑 잘 좀 이야기해서 상환 시기를 최대한 좀 늦춰 봐요. 과거에 잘해왔던 것처럼 시간이 조금 걸리긴 하겠지만, 다시 일어서면 되지 않겠어요?"

나는 시드머니가 될 만한 돈을 그에게 입금해주었고, 그는 재기를 시작했다. 그리고 딱 1년 뒤, 그는 원금에 이자까지 더해서 돈을 돌려주었고, 지금은 두말할 것 없는 엄청난 자산가가 되어 있다. 그가 운용하는 계좌는 여전히 변동성이 크지만 당시 7억 원 사건에 대한 학습 효과 때문인지, 전 재산을 날릴 만한 배팅은 더 이상 하지 않는다.

과감하더라도 근거와 기준은 있어야

과감함은 거의 천성에 가깝다. 그렇게 되고 싶다고 해서 될 수 있는 것이 아니다. 반면, 과감함은 때로 독이 될 수도 있다. 칼로 흥한 사람은 칼로 망한다는 말도 있듯, 과감함을 주무기로 높은 수익을 낼 때에는 그 과감함으로 엄청난 손실도 볼 수 있음을 알아야 한다.

사실 '과감하다'는 것은 그리 나쁘지만은 않다. 자신의 기준 이상에 도전함으로써 예상치 못한 성과를 올릴 수도 있기 때문이다.

만약 자신에게 과감한 성향이 있다면, 그것을 발휘할 때는 '근거'를 반드시 따져야 한다. 과감함에 논리적 판단이나 특정한 기준이 없어도 된다고 생각하지 않았으면 한다. 만약 그것이 없다면 과감함은 무모함이 되어버리고 결국 자신의 발목을 잡을 수 있기 때문이다. 막상 모니터를 들여다보면서 이를 실천하기는 쉽지 않은 일이다. 그러나 반성 없이 무모하게만 투자하면 그 끝은 뻔히 보이는 장면이 될 것이다.

7억 원의 빚을 졌다가 회생한 그 사람에게 배워야 할 한 가지 교훈이 더 있다. 그것은 바로 '평소의 모습'이 어떠하냐에 따라서 위험에 빠졌을 때 주변으로부터 도움을 받을 수 있느냐, 없느냐가 결정된다는 점이다. 만약 그가 평소에 주식을 카지노에서 베팅하듯 했다면 나는 절대로 시드머니를 빌려주지 않았을 것이다. 하지만 나와 투자 생활의 절반을 넘게 함께 했던 그의 모습은 충분히 신뢰할 만했고, 진정성이 있다고 느껴졌다. 신뢰할 만한 사람에게 고난이 닥쳤을 때의 주변의 반응과 불량하게 살아온 사람에게 고난이 닥쳤을 때의 주변 반응은 당연히 다를 수밖에 없을 것이다.

필승의 키워드,
성장 잠재력

지난 10년간 나의 주식투자 역사에서 단연코 큰 영향을 미쳤던 경험은 바로 2016년 전기차 투자를 둘러싼 과정이었다. 나는 전기차에 관심이 많았지만, 당시만 해도 한국에서 전기차가 운행되지도 않았을뿐더러 여전히 시장 가치는 의심스러운 상황이었다.

하지만 '성장 잠재력'이라는 것에 키워드를 맞춰 사고를 하는 과정에서 투자를 해야겠다는 확신이 들었고, 그렇게 해서 1년 6개월 만에 큰 수익을 올린 기억이 있다. 이 과정에서 '성장 잠재력'에 대한 나름의 생각을 확실하게 정립할 수 있었기에 앞으로의 투자에도 큰 영향을 미칠 수밖에 없는 사건이었다.

내가 처음 전기차에 관하여 생각하면서 시장의 상황을 어떻게 판단하고, 왜 투자를 결정했는지를 함께 따라가 본다면, 성장 잠재력에 관한 본인의 생각과 신념을 한층 더 높일 수 있을 것이다.

전기차 시장에 대한 도전

주식투자를 조금이라도 해본 사람이라면 성장 잠재력이라는 말을 지겹도록 들었을 것이다. 주식은 기본적으로 기업의 펀더멘털에 의지하고 있기 때문에 성장 잠재력이 있다면 반드시 주가를 오를 것이라는 생각은 상식이라고 할 수 있다. 문제는 그것이 '잠재력'의 수준에서 뛰어올라, '현실성'의 수준이 되어야 한다는 점이다. 바로 이러한 문제에 대한 판단이 투자자들에게는 매우 중요하다. 잠재력이 잠재력으로만 남아 있다면, 무능력과 별반 다르지 않기 때문이다.

자동차에 관심이 많았던 나는 꾸준한 공부를 통해 자동차 관련 업종에 대한 이해도가 투자자들의 평균보다 높았다고 볼 수 있다. 결국 전기차의 시대가 올 것이라는 예상은 했고, 또 전기차 이슈가 생길 때마다 시장 역시 조금씩 반응하고 있었다. 하지만 여전히 내 생각의 한구석에는 의구심이 있었다.

"과연 전기차가 '대중화'의 지점까지 갈 수 있을까?"

"내연기관차 업체들이 로비를 통해서 전기차로 가는 방향에 제동을 걸고 있지는 않을까?"

이런 불안과 의구심이 있는 상황에서 유럽연합에서 한 발표는 그것을 거둬주는 획기적인 계기가 되어 주었다. 바로 2040년까지 내연기관 자동차의 판매 비율을 0으로 만들겠다는 발표였다. 그 이후로 전기차 주식들이 집중적으로 조명되기 시작했고, 이러한 흐름은 글로벌 전역으로 확산되어 가고 있었다. 특히 국내 대기업들은 글로벌 배터리 시장에서 상당한 영향력이 있기 때문에 투자 기회가 적지 않을 것이라고 생각했다.

중요한 점은 '전기차'라고 해도 그 기업의 스펙트럼이 꽤 넓다는 것이었다. 자율주행 분야도 있고, 안전 분야도 있고, 완성차 조립이나 부품 분야도 있을 수 있다. 그러나 아직 대중들을 만족시킬 만한 시장성 있는 제품을 판매하는 회사가 없었기 때문에 나는 배터리에서 기회를 찾고자 했다. 단, 배터리 안에는 너무 많은 소재들이 들어가고 있기 때문에 진입장벽이 꽤 높은 기술력을 갖춘 기업, 그래서 이익률이 높은 기업이 적합하다고 생각했다.

그런 점에서 LG화학, 삼성SDS는 일단 배제해야만 했다. 이들 회사들은 배터리를 완제품으로 만들어 파는 회사였기 때문에 당장은 이익률보다 점유율을 더 중요시했다. 그렇다면 대형사들은 어렵거나, 귀찮아하고, 일반 기업들은 쉽게 참여하기 어려운 소재 업종에서 기회를 잡을 수 있지 않을까 생각하며 그 '기회'를 찾기 시작했다.

주가가 지루해지는 네 가지 이유

배터리에 대해서 더 심도 있게 공부를 하다 보니 진입 장벽이 가장 높은 곳은 양극재 시장이었고, 수익성이 매우 높고 기업의 수도 적었다. 그런 기준으로 찾아낸 기업이 바로 '에코프로'였다. 당시만 해도 기존 내연기관 자동차 대비 전기차의 글로벌 보급률은 2퍼센트 정도였기에 기존 내연기관 시장을 대체한다면 배터리 시장은 수요를 감당하지 못할 만큼 빠르게 팽창할 것이라고 판단했다. 물론 2040년까지는 꽤 오랜 기간이 남아 있기 때문에 당장 수익을 얻기는 힘들겠지만, 시간이 흐르면 흐를수록 시장은 매우 강하게 반응할 것이라고 생각하고 있었다.

정말로 나의 예상대로 시장은 확실히 가속도가 붙어 전기차 주식에 프리미엄이 붙기 시작했고, 1년도 채 되지 않아 몇 배의 수익을 남기기 시작했다. 그러던 중 단기적인 투기 심리가 작동해 이익 증가 폭에 비해 너무 많은 투자자들이 들어왔다는 판단이 들었다. 주식이 지나치게 고평가되었다는 주장이 나오기 시작하면 하락세에 접어들 것이기 때문에 보유 후 1년 6개월이 넘기 전에 모두 매도하고 청산했다. 이러한 전기차 주식에 대한 투자의 경험은 나에게 크게 3가지의 교훈을 남겨 주었다.

첫 번째는 성장 잠재력을 갖고 있는 시장에 투자할 때 기회가 많고, 수익률도 극대화될 수 있다는 점이다. 다만 장기적인 경기 사이클을 타면서 경기 사이클과 함께 이익의 등락폭이 연동되는 업종과 기업에 투자할 때는 수익률의 극대화가 어려울 수 있다. 저점과 고점이 과거 경기 사이클에서 벗어나지 못하기 때문이다. 또 시장이 어떠한 이슈로 폭락하였을 때 경기 사이클을 타는 업종 중에 가장 하락폭이 큰 주식들에 투자하면 기업이 망하지 않는 한 상승폭도 단기적으로 가장 크다는 것을 알았다.

두 번째는 성장이 많이 남아있는 시장을 바라보고 투자했을 경우, 투기 자본이 들어와 단기간에 예상했던 것보다 수익률이 극대화됐다고 판단돼도, 섣불리 포지션의 전부를 정리해서는 안 된다는 점이다. 비록 시장이 과열되었다고 해도 성장 동력이 아직도 남아 있는 종목들은 추세적인 우상향을 그릴 가능성이 크기 때문이다. 따라서 섣불리 포지션을 전부 정리해버리면 다시 들어갈 타이밍을 잡기가 무척 힘들어진다. 나의 경우 E 회사의 주식이 과열되었다고 생각했고, 또 수익도 충분히 얻었기 때문에 빠르게 포지션을 청산했다. 그런데 그 이후로도 계속 우상향했다. 굳이 그때 전부 팔지 않아도 됐다는 것을 팔고 나서야 깨달았다.

마지막은 성장 잠재력을 가진 시장을 분석했다면 여러 기업에 분산투자해야 한다는 점이다. 이것은 단순히 '계란을 한 바구니에 담지 말라'는 의미가 아니다. 성장하는 과정에서 기업들이 어떤 특징적인 모습을 보이면서 새롭게 분화할지 모를 일이기 때문이다. 따라서 그 기회까지 한꺼번에 가져갈 수 있다는 장점이 있다.

물론 성장 잠재력을 가진 기업들에 투자했을 때에도 주가의 변동 폭이 낮아 매우 지루한 경우가 있다. 사실 자신만의 아이디어로 투자를 했는데, 움직임이 없는 것만큼이나 재미없는 일도 없다. 이럴 때는 보통 ▲자신의 아이디어가 주가에 이미 반영되었거나 ▲아직 반영되지 않았거나 ▲시장 전체에서 차지하는 규모가 너무나 작은 아이디어거나 ▲시장의 집중이 다른 곳으로 쏠렸을 경우이다. 따라서 이 네 가지 경우의 수 중에서 첫 번째 요인, 주가에 이미 반영된 것이 아니라면 조금 더 묵묵하게 자리를 지킬 필요가 있다. 투자 아이디어를 설정하는 과정에서 충분한 분석이 이루어졌고, 장기적인 상승에 대해 확신을 가지고 자리를 지키다 보면 결국은 주목을 받게 된다.

영화의 매력과
사고력 훈련

　수없이 많은 사람들이 자기 나름대로 주식을 정의한다. 대부분 '예측력'을 강조하지만, 나는 조금 더 정교하게 '사고력'이라고 말하고 싶다. 미래에 일어날 어떤 일을 그려보는 것은 바로 오늘의 팩트에 기반해 가설을 세우고 희박한 가능성을 배제해나가는 사고의 영역이기 때문이다. 사고의 능력이 풍부하고 깊어질수록, 그리고 그것이 경험에 의해서 실증될수록 투자의 성공 가능성이 더 높아진다. 한마디로 '고수'가 되어간다는 이야기다. 그런데 이런 정석의 길에서 자꾸만 방해하는 것들이 생겨난다. 여기에 휘둘리기 시작하면 사고력은 저하되고, 뇌동매매에 시달리게 된다.

내가 좋아하는
영화 장르는?

　　　　　　　　　　　　나는 영화를 엄청나게 좋아한다. 한 번은 이제까지 본 영화를 확인해봤는데 1,000편이 넘었다. 영화를 볼 시간이 없을 때는 유튜브에서 영화를 10분 만에 요약해주는 영상을 보기도 한다. 한마디로 '탐닉'을 한다고 해도 과언이 아니다. 사람들은 내가 돈이나 주식과 관련된 영화, 혹은 남자이니 액션, 스릴러 등의 영화를 좋아할 것이라 생각한다.

　하지만 오해다. 물론 그런 영화들도 보지만, 내가 제일 좋아하는 장르는 멜로이다. 많은 경험을 해보지 못한 분야에 대한 나름의 판타지라고 할까? 어쨌든 남녀 간의 감정라인은 주식의 시세라인만큼이나 흥미진진한 것 같다. 내가 왜 이렇게 영화를 좋아하는지 이유를 생각해본 적이 있었다. 혹시 나도 모르고 있었지만, 주식투자와 연관성이 있지는 않을까?

　영화에서 제일 중요한 뼈대, '시나리오'를 완성하려면 결국 작가의 사고력이 풀가동되지 않으면 안 된다. 이야기의 전개 과정, 변수의 등장, 다음 장면에 대한 예측, 반전이 있을 때의 짜릿함 등은 복잡한 사고력 안에서만 제대로 탄생할 수 있는 것이다.

　주식이라는 것도 결국은 자기 자신이 사고력을 풀가동해 시나리오를 짜는 일이다. 눈앞에 있는 팩트를 가지고 한 종목을 주인공으로 선정한다. 그 주인공의 성공을 가로막는 나쁜 악당인 '악재'라는 녀석이 언제 등장할지 예상해보고, 주인공을 도울 수 있는 '호재'라는 이슈가 또 어디에 있는지도 생각해본다. 이러한 호재와 악재가 기승전결을 타고 극한의 갈등을 일으킨 후 과연 결론이 어떻게 날 것인지에 대한 생각으로 이어진다. 만약 내가 상상한 이 한편의 시나리오가 잘 들어맞으면 매도를 하고, 그렇지 않을 경우 빠르게 손절을 하고 또 다른 시나리오를 쓰기 시작한다.

영화를 많이 보는 것이 주식을 잘하는 비결은 아니겠지만, 자신의 사고력을 총동원한다는 점에서 매우 비슷한 과정을 거치는 것은 사실이다. 사고력 단련은 주식투자자라면 반드시 거쳐야 하는 훈련의 과정이고, 사고력은 반드시 지녀야 할 필살기라고 할 수 있다.

사고력 훈련 1 :
한국의 우주과학
기술에 대해

나는 최근에 이제껏 관심이 많지는 않았던 우주과학 기술에 대한 사고력을 넓힐 수 있는 기회가 있었다. 지금부터 내가 당시에 했던 생각들의 흐름을 적어보려고 하는데, 이를 통해 투자에 있어서 '사고력'이라는 것이 어떤 것인지를 알 수 있을 것이다.

최근 우주과학에 6000억 원을 투자하겠다는 정부의 발표가 있어 객관적인 사실을 토대로 현실에 반영한 영상도 시청했다. 알고 보니 우리나라의 기술 수준은 땅끝에 있는 것과 마찬가지였으며 선진 기술을 가진 나라에 비하면 아직 갈 길이 한참 멀었다. 6000억 원이 아니라 6조 원을 투자해도 앞선 나라들을 따라잡기는 힘들어 보였다. 이럴 때 우리는 어떤 사고를 해야 할까? 아직은 발전 가능성이 있고 투자가 이루어지고 있으니 그것은 호재일까? 아니면 경쟁력 자체가 없으니까 성장 가능성이 별로 없다고 봐야 할까?

일단 호재라고 생각해보자. 우주과학 기술은 미래에 반드시 가져야 할 국가의 근간 기술이다 보니 꾸준히 발전할 수는 있다. 더구나 국가에서 성장을 지원하기 때문에 급격한 경쟁력의 하락이나 외부의 변수의 등장 가능성이 낮을 수 있다. 거기다 '해보자!'라고 소리치며 한번 도전하면 끝장을 내고 마는 한국인의 저력도 받쳐 준다. 그런 점에서 지금은 기술 수준이 낮아도, 장기적으로 충분히 투자할 가능성이 있을 수 있다.

그런데 악재가 있다. 우주과학 기술이라면, 당연히 우주에서 서로 교신을 할 수 있어야 하고, 이는 우주에 있는 위성 인터넷망을 사용해야 한다. 문제는 우리나라가 미국의 테슬라가 띄워 놓은 위성 인터넷망을 사용하기 힘들다는 점이다. 보안 이슈를 포함한 어러 가지 문제점 때문에 만약 우리나라가 자체적인 우주기술을 발전시키려면 스타링크가 아닌 또 다른 망을 사용해야 한다. 그렇게만 본다면 아직도 갈 길은 한참이나 남아 있다. 따라서 이렇게 장기간을 견딘다는 것은 쉬운 일이 아니다. 이러한 사고력을 통한 전개 과정 결과, 우주과학주에 대한 투자가 유망한 것은 분명한 사실이지만, '아직'이라는 결론에 다다른다.

사고력 훈련 2 : 이란과 미국의 국지전

하는 김에 사고력 확장의 연습을 하나 더 해보자. 국지전에 관련된 다소 갑작스럽고, 황당하기까지 한 뉴스였다. 어느 날 '이란의 미사일 공격으로 미군 80명이 사망했다'는 뉴스가 떴다.

이란 국영방송은 현지시간으로 8일, 이란이 이라크 내 미군 기지를 겨냥하여 미사일로 공격했고 그로 인해 미군 80명이 숨졌다고 전했다. 로이터와 APTN 등에 의하면, 이란 국영방송은 이란 혁명수비대가 이라크 아인 알아사드 공군기지에 미사일 15발을 발사하여 "미국인 테러리스트 80여 명이 사망하고, 미군이 보유한 드론, 헬리콥터, 군사 장비 등에 심각한 손상을 입혔다."고 말했다. 또, 미군의 첨단 레이더 시스

템이 이란 혁명수비대의 미사일을 단 하나도 요격하지 못했다고 주장하기도 했다. 이란의 미사일 공격 직후 도널드 트럼프 대통령이 "괜찮다!"라는 트윗을 올린 것을 놓고는, "이란의 미사일 공격 때문에 이라크에서 미국이 입은 피해가 별것 아닌 것처럼 보이려는 것"이라고 전했다. 이란의 미사일에 이라크 내 미군기지 두 곳이 공격을 받고 나서, 트럼프 대통령은 미국 시각으로 7일 밤 "괜찮다"는 트윗을 통해 세계에서 가장 강력한 군사력을 보유한 미국을 강조했다.

이 소식을 들었을 때에는 객관적 사실인지, 가짜뉴스인지를 잘 알기 힘들었다. 그러나 나름대로의 사고력을 동원해 판단해볼 필요는 있었다. 일단 이란의 국영방송이라는 곳에서 이런 뉴스가 나왔으니 '완전한 가짜뉴스'라고 단정 짓기는 힘들다고 볼 수 있다. 그런데 정말로 이상한 것은 뉴스에서 '미국인 테러리스트'라고 지칭하는 부분이다. 미국에서 보낸 테러리스트가 있다는 것 자체가 일단은 매우 낯설고 쉽게 믿기는 힘들었다. 거기다가 더 이상한 점은 미국인이 80여 명이나 사망했는데, 대통령이라는 사람이 "괜찮다"라는 트윗을 했다는 점이다. 이란의 주장대로 아무리 별것 아닌 피해처럼 보이고자 했더라도 소중한 생명이 80여 명이나 희생된 상황이다. 여기에서 즉각 보복 공격도 하지 않고 '우리는 세계에서 제일 강한 군대를 보유하고 있다'고 말하는 것은 거의 너스레를 떠는 것과 다르지 않다. 사실 이 뉴스는 이상해 보이는 구석이 한두 가지가 아니다.

또 하나의 시나리오를 써보자면, 이란의 미사일 공격, 미군의 사망, 대통령의 "괜찮다"라는 트윗은 미국과 이란의 합의에 의해서 발표된 내용이라는 것이다. 이른바 '내통'의 가능성이다. 다소간의 음모론이 아니냐고 반문할 수도 있겠지만, 그렇게 하지 않고는 도저히 설명이 잘 되지 않는 것이 사실이다. 물론 이러한 내통이 궁극적으로 어떤 목표를 가지고 있는지 우리로서는 알 수 없다.

일단 뉴스가 뜬 이상, 순간적인 매수 타이밍을 잡을 수는 있다. 예를 들어 만약 미국이 보복 공격에 나서게 되면 군수관련 기업들의 주가가 오를 가능성을 배제할 수 없다. 우리에게 필요한 것은 단순히 미국과 이란의 갈등이 아니라 갈등이 일으킬 증시의 흐름이다. 국지전, 혹은 전면전이 생겼을 때에 사고력을 발동하여 사건이 미칠 파장과 영향을 유추하고 급등할 수 있는 주식을 찾아내는 것이 투자자가 일상적으로 해야 할 일이다.

이런 면에서 주식을 '투자행위'가 아닌 '사고행위'로 볼 수 있다. 사고의 결과가 투자로 이어지기 때문이다. 따라서 지속적으로 논리력의 확장을 위해 노력해야 하며, 그 논리가 현실의 세계와 어느 정도로 들어맞는지를 확인해 나가야 한다.

빅 이벤트에서 건지는
찰나의 기획들

빅 이벤트는 거대한 쓰나미처럼 밀려와 증시를 출렁거리게 만든다. 대통령 선거, 대형 기업들의 실적 발표일, 논란이 되던 이슈에 종지부를 찍는 법원의 판결이나 결과의 공개 등이다. 정치적, 사회적으로 세계인을 경악시킬 만한 결정이나 사건, 사고도 이에 속한다. 빅 이벤트는 어떤 방식으로든 그 영향력이 막대하기 때문에 투자자들은 바짝 긴장해야 하며 그 시기를 최대한 자신의 축제로 만들어야 한다.

여기에서 극도로 주의해야 할 것은 그 축제의 흥분감 만큼이나 사람들이 들뜨기 때문에 자신의 기준 없이 투자하기에 딱 적당한 시기라는 점이다. 따라서 빅 이벤트를 어떻게 미리 준비하느냐는 성패를 가르는 결정적인 요소가 될 수 있다.

트럼프 VS. 힐러리, 태양광 VS. 화석연료

　　　　　　　　　　　　　　　　 빅 이벤트는 두 가지 모습으로 다가온다. 하나는 일정이 고지되어 있어서 어느 정도 준비를 할 수 있는 경우와 전혀 알려지지 않아 갑작스럽게 터지는 폭탄 같은 경우다. 예를 들어 대통령 선거 결과가 발표되는 날은 가장 전형적으로 일정이 고지되어 있는 빅 이벤트에 속한다. 이런 경우는 잘만 이용하면 이제까지의 손실도 만회하는 절호의 기회가 될 수 있다.

내가 이런 빅 이벤트를 통해 최대의 수혜를 본 적은 바로 2016년 트럼프와 힐러리가 맞붙은 대통령 선거의 개표 방송이 끝나는 날이었다. 당시 주식 6년 차였던 나는 인생에서 가장 큰 1억 2000만 원이라는 수익을 거뒀다. 지난 6년 동안 그날만큼 기뻤던 날이 없었지만, 더 중요한 것은 그 수익이 철저한 분석과 준비 덕분에 가능했다는 점이다.

대통령 선거라는 빅 이벤트를 앞두면 다양한 예측이 홍수처럼 쏟아져 내린다. 자신의 정치적 성향에 따라서는 그 예상을 막연히 믿고 싶은 경우도 있겠지만, 투자자의 입장이라면 그 어떤 판단도 유보하고, 철저하게 공약을 중심으로 포지션을 잡을 필요가 있다.

대통령 선거 당시 많은 전문가들이 힐러리의 우세를 점쳤지만, 나는 트럼프의 당선 가능성까지 염두에 두면서 선거 방송 중, 혹은 선거 결과 발표 이후 민감하게 영향을 받을 만한 종목을 추려보았다. 나의 눈에 띈 것은 '태양광 VS. 화석연료'였다. 트럼프의 주된 공약 중의 하나는 화석 연료 시장을 좀 더 밀어붙이는 것이었기 때문에 태양광 업계로서는 반길 만한 내용이 아니었다.

반대로 힐러리의 당선이 유력하다면, 태양광 업계는 그나마 희망이 있는 상태다. 그러나 과연 누가 당선될지 모른다는 사실이 근본적인 한계, 혹은 전제로 작용하고 있다. 따라서 이런 예측 불허의 상황이라면 집중해야 할 것은 '변동성'이다.

변동성은 주식투자에서 불안 요소이기는 하지만, 이러한 빅 이벤트에서는 변동성만 잘 따라가면 그 출렁임 속에서 적지 않은 수익을 올릴 수 있으리라 판단했다. 사실 선거는 아무리 빅 이벤트라고 하더라도 오래가지 못하는 이슈다. 즉, 매우 강한 펀치임에는 틀림없지만, 거의 '한 방' 정도만 날린 후, 장기간 시세에 영향을 미치지 못한다. 따라서 이때에는 그 강력한 한 방의 임팩트 속에서 찰나의 기회를 잡고 수익을 끌어내야 한다.

그때에도 나의 전략은 기본적으로 매우 보수적이었다. 설사 트럼프에게 유리하게 흘러가더라도 화석연료 관련 주식의 포지션을 많이 잡지 않고, 반대로 힐러리에게 유리하게 흘러가더라도 태양광 주식은 당일을 넘기지 않고 매도한다는 전략이었다. 즉, 그 어떤 곳에도 치우치지 않은 채, 상황을 관망하면서 즉각적인 매매 트레이딩으로 수익을 꾀하려는 생각이었다.

동전주도 급등시키는 빅 이벤트

미국의 실시간 개표 방송이 진행되면서 나의 긴장감도 극으로 치닫기 시작했다. 실시간으로 주식 시세를 예측하면서 따라가기 시작했다. 당연히 나만 '태양광 VS. 화석연료'의 대결을 주시하지는 않았을 것이다. 전 세계의 수많은 투자자들이 동시에 두 주가의 흐름을 따라갔을 것이다. 공화당이 유리한 지역에서 트럼프의 승리가 발표되면 화석연료주가 조금씩 상승했고, 민주당이 유리한 지역에서 힐러리의 승리가 발표되면 태양광주가 상승했다.

나는 공화당이 우세한 지역과 민주당이 우세한 지역을 미리 검색해 놓았기 때문에 해당 지역의 선거 결과가 발표되기를 전후해서 태양광주, 때로는 화석연료주의 사고팔기를 반복했다. 워낙 옆

치락뒤치락하는 선거였기 때문에 시세가 나의 시나리오대로만 움직이지는 않았지만, 추세는 거의 예측한 대로 진행되었고 확률적인 우위를 점할 수 있었다.

모든 방송이 끝난 시간, 내 계좌에는 1억 2000만 원의 수익이 실현되어 있었다. 물론 이렇게 큰 수익은 미국 대통령 선거라는 '빅 이벤트'였기 때문에 가능한 일이었지만, 사전에 이번 선거의 양상에 대한 분석과 변동성만을 취하겠다는 전략, 그리고 미리 지역별 판세를 검색해 놓았던 준비가 투자 수익으로 견인했다고 본다.

결국 그 어떤 빅 이벤트도 '준비'를 하고 있다면 분명 나에게 유리한 국면이 조성될 수 있다는 사실을 또 한 번 깨닫게 된 경험이었다.

꼭 대통령 선거가 아니라도 증시에는 그보다 작은 규모의 빅 이벤트는 얼마든지 있게 마련이다. 가장 대표적인 것이 기업들의 실적 발표일이며, 또한 정체된 흐름을 가르는 특별한 이슈가 확실한 팩트로 증명이 되는 날이다. 예를 들어 코로나19 백신의 임상시험 결과가 발표되는 날도 이러한 빅 이벤트 중의 하나가 될 수 있다.

가장 최근의 예로는 초기에 생산되었을 때에는 '물백신'이라며 무시를 당했던 스푸트니크V를 들 수 있다. 처음에 유럽에서는 안중에도 없었지만 조금씩 시간이 흐르면서 러시아에서는 그 효과를 자신하는 뉴스들이 나오기 시작했고, 급기야 세계적인 의학지인 〈랜싯The Lancet〉에서 코로나19의 예방효과가 91.6퍼센트에 달한다는 결과가 나왔다. 그 후 스푸트니크V와 관련된 주식은 폭등을 하게 됐다. 만약 스푸트니크V를 주시하고 〈랜싯〉의 발표 직전에 주식을 매수해 놓은 투자자가 있었다면 더 큰 수익을 볼 수 있었을 것이다.

미국 대통령 선거도 그렇지만, 스푸트니크V의 신뢰성 발표 역시 '한 방'에 불과하다. 국내 관련 주식은 1,000원도 되지 않는 '동전주'에 불과했지만, 투자금액의 2배 정도를 벌 수 있을 정도로 올랐고, 이에 뒤늦게 투자를 시작했던 투자자들에 의해 연이어 상하가를 치면서 결국 거래정지까지 이르렀다. 그 이후에는 폭락이 시작되었으니, 아마도 이 주식에 투자해서 빨리 빠져나오지 못했던 상당수의 투자자들은 눈물을 머금을 수밖에 없었을 것이다. 만약 그들이 나처럼 최대한의 변동성만 취한다는 전략으로 접근을 했더라면, 맥없이 물리고 있는 상황은 피할 수 있지 않았을까 예상해 본다.

가끔씩 선물처럼 다가오는 빅 이벤트에서 축배를 들기 위해서는 먼저 자신의 입장을 더 철저하게 견지해야 한다. 포지션을 과도하게 잡지 말고, 최대한 빠른 시간 내에 빠져나오겠다는 것, 심지어 단 하루의 시간일지라도 빅 이벤트에서는 매우 길고 긴 시간이라는 점을 염두에 두는 것이 좋다.

믿음의 출발은
의심과 부정

청년들 사이에 주식 열풍이 불자 같이 떠오르는 사람들이 있다. 일명 '주식 전문가'라고 하는 사람들이다. 그들은 뛰어난 언변으로 시세를 전망하고, '내일 돈 버는 종목'이라는 것을 알려주고 있다. 그리고 많은 초보자들은 대단한 신뢰성을 가지고 그들의 말을 받아들이곤 한다.

그런데 한 가지 의구심이 들지 않을 수 없다. 만약 그들이 '내일 돈 버는 종목'을 알고 있다면, 방송을 할 것이 아니라 그 시간에 주식을 해야 하지 않을까? 그 뛰어난 예지력이라면, 방송 출연료보다는 훨씬 더 많은 투자수익을 얻을 수 있을 텐데, 굳이 왜 번거롭게 방송을 하려고 하는 것일까?

이때의 답은 두 가지가 될 수 있을 것 같다. 정말로 자신이 큰돈을 벌 기회마저 포기하고 다른 투자자들이 돈을 벌게 해주는 것을 삶의 목표로 삼았거나, 아니면 정작 주식으로 돈을 벌 수 없기에 투자자들을 현혹해서 그 자체로 돈벌이를 하려는 것이다.

투자하기 제일
어려운 달은?

말썽꾸러기지만 나름 진지하게 살아가는 톰 소여와 그 친구 허클베리 핀의 이야기를 그린《톰 소여의 모험》을 본 적이 있을 것이다. 마트 트웨인이라는 매우 익숙한 이름의 미국 작가가 쓴 소설이다. 그는 여러 번 주식으로 돈을 잃은 경험이 있었기에, 한 작품에서 주인공의 입을 빌려 이런 위트 넘치는 명언을 남긴 바가 있다.

"10월, 이때는 주식투자를 하기에 특히 위험한 달 중 하나이다. 또 투자하기 위험한 달은 7월, 1월, 9월, 4월, 11월, 5월, 3월, 6월, 12월, 8월, 2월이다."

재치 있는 그의 명언에 고개를 끄덕이지 않을 수 없었다. 그의 말은 주식시장에 상존하는 예측 불가능성을 언급하는 것이다. 주식은 언제나 위험하고, 예측하기 힘들기에 그는 1년의 12달을 모두 '주식투자하기에 특히 위험한 달'이라고 말했을 것이다. 미래를 알 수 있는 사람은 없고, 모든 투자자들은 늘 위험에 노출되어 있다. 그런데 지극히 상식적인 주식시장의 생리에 정반대로 어긋나는 사람들이 있다. 그들은 마치 자신이 '미래에서 온 사람'처럼 알 수 없는 주식의 미래를 예견한다. 그들의 뛰어난 언변을 듣고 있노라면, 마음속에 확신이 차오르고, 그 말을 믿지 않을 수 없는 상황이 되어버린다.

하지만 나는 확신에 차서 하는 그들의 이야기를 절대로 믿지 않는다. 그렇게 이야기하는 사람들일수록 오히려 투자에 능하지 못한 경우가 매우 많았고, 심지어 법적인 문제에 연루되어 자신을 믿었던 투자자들에게 오히려 손해를 끼치는 불미스러운 일도 있었기 때문이다. 내가 알고 있는 한, 정말로 '대한민국의 위대한 투자자'들은 절대로 시장에 노출되지 않는다.

내가 주식을 처음 시작한 2009년이나 지금이나 무고한 개미들의 등에 빨대를 꽂고 '20일선 돌파매매'를 알려준다는 식의 가짜 사기꾼들이 득실거린다. 그들은 진정한 고수들이 운영하는 채널에 방문해서 배운 '시초가매매', '종가매매' 등을 마치 자신의 아이디어인 양 마구잡이로 인용하기도 한다. 이러한 사람들에게는 하나 같이 공통된 특징이 있다. 누구보다 말을 잘한다는 점이다. 그래서 주식을 잘 모르는 사람들은 쉽게 설득당하고 만다.

아이러니하지만 주식시장 안에서는 검증되지 않은 사람들의 영향력이 더욱 커지는 경향이 있다. 나는 그런 모습을 너무 오랜 시간 동안 보아 왔기 때문에 그들의 말에 혹하는 투자자들을 보면 매우 안타깝다. 비록 그들이 사기꾼일지라도 제대로 된 방식을, 제대로 배워서 사용한다면 그나마 불만이 없을지도 모르겠다. 진정한 고수들의 매매법에 자기 아이디어를 얹어서 다시 새로운 '최악의 매매법'을 탄생시키고 있으니 더 할 말이 없다.

많은 투자 전문가들은 마치 스스로가 '위대한 투자자'라는 듯이 말하지만, 나는 현실적으로 그것이 얼마나 어려운 일인지를 알고 있다. 나 역시도 그러한 위대한 투자자가 되고 싶어서 내가 가진 본래의 그릇을 넓히려고 도전했지만, 늘 그 벽을 넘지 못하고 좌절했다. 몇 번이 반복되자 나는 그 후로는 감당할 수 없는 스트레스를 받지 않고 싶어서 아예 도전조차 하지 않고 있다. 추후에 심경의 변화가 생겨서 다시 도전하는 날이 올지는 모르겠지만 그때가 오면 독자들에게 응원해달라 간곡히 요청하고 싶을 정도이다. '위대한 투자자'의 세계는 넘을 수 없는 엄청난 장벽과도 같은데, 벽을 넘고 미지의 세계에 도착한 이들이 그렇게 많을 리가 없다.

넘쳐나는
전문가들의 견해

그렇다고 해서 주식시장에 믿을 만한 멘토가 없다는 의미는 아니다. 자신만의 진정성을 가지고 계속 도전을 하면서 그러한 경험과 지식을 함께 나누고자 하는 사람도 분명 있다. 그러나 그런 좋은 멘토는 극소수고, 스스로를 '위대하다'고 칭하지 않으니 일반인은 그들이 얼마나 뛰어난지를 알지 못하게 된다.

나는 진정성 있게 경제 유튜브를 운영하는 사람 중의 한 명이 되려고 노력하고 있다. 나는 채널에서 매달 계좌의 성과를 오픈하기에 최소한 방송에서의 언행과 계좌 운영의 현실을 일치시키려고 한다. 뿐만 아니라 '종목 추천'은 절대 해서는 안 되는 일이라고 생각한다. 나의 투자 중 소형 종목들은 몇 개 없지만, 채널에 노출되면 노이즈가 생길 염려가 있어 노출을 금한다.

그것은 나의 비밀을 알려주고 싶지 않아서가 아니라, 같은 종목도 투자자의 테크닉과 태도에 따라서 수익률이 현저하게 차이가 나기 때문이다. 단순히 '어떤 종목에 투자하니 얼마를 벌었다'는 것은 주식 자체에 대한 공부를 게을리한 채, '좋은 종목만 건지면 수익을 올릴 수 있다'는 잘못된 태도를 조장할 가능성이 매우 크다. 그런 점에서 '족집게처럼 종목을 맞춘다는 전문가'는 주식에 대한 진짜 전문가일 수가 없다는 사실을 명심해야만 한다.

사회가 혼란스러울수록 가짜뉴스가 넘쳐나듯이, 시장이 과열되거나 혹은 공포에 빠질 때 '전문가들의 견해'도 넘쳐나고, 그것에 현혹되는 사람들도 늘어난다. 무엇보다 이것은 무슨 정치적 견해나 사상에 관한 것이 아니라 직접으로 '돈'과 관련된 것이다 보니 그것을 맹신하는 정도가 더욱 심해질 수밖에 없다.

주식시장에서 나는 나조차 믿지 않는다. 내가 내린 판단의 근거를 찾기 위해 끊임없이 리서치를 거듭할 뿐이며, 조그만 신호도 무시하지 않고 온전히 받아들여 나의 판단을 부정하기 위해 애를 쓴다.

전문가를 믿지 말고, 자신을 믿을 수 있도록 해야 한다. 자신에 대한 믿음의 출발점은 자신에 관한 끊임없는 부정과 의심이다. '내 생각은 틀렸어'를 전제하는 용기를 갖출 수 있을 때, 부정과 의심은 진실을 찾아가는 원동력이 되어준다. 그 계속되는 의심과 부정의 노력 속에서 결코 변치 않는 요소들이 걸러질 것이고, 그 요소들이 결국 성공투자라는 강을 건너게 해주는 징검다리가 되어줄 것이다.

가치투자의 이면,
저평가된 주식은 이유가 있다

주식에 매력을 느끼면서도 현란한 시세의 오르내림에서 혼란을 겪고 싶지 않은 사람들이 있다. 또 최소 2~3년간은 굳이 쓰지 않아도 되는 여유로운 목돈을 가지고 있는 사람들도 있다. 이런 투자자들이 선호하는 투자방식이 바로 '가치투자'이다. 기초체력이 튼튼하고 딱히 망할 것 같아 보이지 않는 몇몇 기업의 주식을 매수한 뒤 그저 몇 년간 멀리서 지켜보기만 하는 투자 방식이다. 이렇게 하면 최소한 손해는 보지 않는 것을 넘어 은행 이자 보다는 많은 수익을 얻을 것이라고 기대한다. 어떻게 보면 단타에 휘둘리지 않고, 주식투자의 정도(正道)를 걸어가는 것 같은 모습이기도 하다.

그러나 장기간 투자를 한다고 해서 반드시 주식이 우상향하는 것은 아니며, 결국 오르지 않을 종목을 선택했다면 손실은 피할 수 없는 일이다.

나도 꿈꿔본
가치투자

나도 한때 부동산 투자에 관심을 가져본 적이 있다. 주식으로 계속해서 쌓이는 수익을 어떻게 해야 할지 몰라서 시작했다. 반지하방에서 2층집 월세로 넘어오게 되었고, 그 이후 비로소 내 집이라는 것이 생겼다. 이제는 평생 잠자리 걱정을 안 해도 된다고 생각하니, 집이라는 것에 흥미가 사라졌다.

하지만 꽤 실력이 있다는 사실은 나도 인정했다. 주식시장을 분석하는 나의 논리를 부동산에 적용했더니, 부동산 투자에도 꽤 통했다. 그러나 내 스타일이 아니었다. 내가 원하는 만큼의 변동성도 아니었고, 현금화까지 오래 걸린다는 것이 취향에 맞지 않았다. 강남에 집을 한 채 산 뒤로는 부동산 투자에 관심을 끊었다. 여전히 나는 부동산보다 주식투자를 선호한다.

그렇게 시작한 게 가치투자 공부였다. 트레이더로 살아왔지만, 가치투자로도 돈을 벌 수 있다는 생각이 들었다. 대략 2015년

~2017년도의 일인데, 당시에 가치투자로 얼마가 적정할까 생각하다가 3억 원 정도를 가치투자 계좌로 옮겨서 주식을 쇼핑하기 시작했다. 그전에도 중소형주들로 장기투자해서 수익을 내본 적이 있었기 때문에 대형주 쇼핑에는 두려움이 없었다.

내가 선택한 곳은 미래에셋대우, 현대위아, 현대백화점이었다. 이 세 주식을 가치투자주로 고른 것에는 당연히 탄탄한 논리가 뒷받침되어 있었다. 미래에셋대우는 당시 가장 큰 규모의 증권사였기에 증시가 박스권을 돌파하면 코스피 거래대금이 폭발적으로 늘어나 기대수익이 클 것이라고 생각했다. 현대위아는 당시 매우 저평가되어 있었다. 회사가 소유한 공장부지만 정리해도 당시 평가 받던 시가총액을 상회하는 규모였기에 저평가된 종목이 틀림없었다. 현대백화점도 마찬가지로 저평가되어 있는 상황이었다. 더 떨어질 여지가 없어 보였다. 다만 업황이 좋지 않았다는 점은 있었지만, 하방으로 닫혀 있었기 때문에 안전마진을 깔 수 있다고 봤다.

나 역시도 일반 가치투자자들과 마찬가지로 편하게 마음먹었다. 떨어질 여지가 없으니 장기적으로 내가 매일 하는 트레이딩과 결합하면 수익을 내는 것은 어렵지 않았다고 믿었다. 하지만 결과는 완전히 빗나갔다. 역시 확실한 것은 없었고, 나의 판단조차도 100퍼센트 믿을 수 없다는 사실을 다시 한번 깨달았다.

미래에셋대우는 박스권을 탈출하기까지 무려 6년이라는 시간이 걸렸고, 그 과정에서 큰 손실을 봤다.

너무 큰 사랑의 위험성

현대백화점은 어느 순간부터 치고 올라오는 온라인 쇼핑몰에 의해 직격탄을 맞아 추풍낙엽처럼 주가가 떨어지고 있었다. 하지만 그 순간에도 나는 '업황이 다시 돌아선다면 충분히 괜찮지 않겠어?'라고 믿었다. 그런데 그때 전혀 예상치 못한 돌풍이 불었다. 바로 현대위아와 현대백화점이 마치 약속이라도 한 듯 일주일 간격으로 각각 유상증자를 발표한 것이다. 그렇지 않아도 추풍낙엽의 신세였던 주가들이 돌풍까지 맞으니 나의 가치투자 포트폴리오의 수익률은 한마디로 엉망 그 자체였다. 더구나 추가로 매수 포지션을 취하던 중이어서 규모 또한 적지 않은 상태였다. 당연히 피해는 배가될 수밖에 없었다.

그 후로 '저평가 되어있는 주식들은 다 이유가 있다'라는 생각이 들었다. 물론 어느 순간 반전이 일어나 고평가되는 순간이 있을 수도 있다. 하지만 너무 특정한 종목들에게만 사랑을 주면, 시야를 잃어버릴 수 있다는 것도 기억해야 한다.

내가 가치투자에 실패했다고 해서 가치투자가 가진 위대한 장점이 부인될 리는 없다. 그러나 내가 경험을 통해 얻은 교훈은 '가치투자라고 해서 반드시 수익을 얻는 것은 아니다'라는 점이다. 미래에셋대우에 6년간이나 돈이 잠겨 있을 동안 기회비용은 완전히 날아가 버렸고, 유상증자라는 악재는 포트폴리오를 망가뜨렸다. 가치투자는 짧은 시간의 트레이딩에 의한 위험성은 벗어날 수 있지만, 기업의 장기적인 활동에서 만나게 되는 유상증자라는 또 다른 악재에 부딪힐 가능성이 크다. 물론 유상증자라고 해서 모두 다 악재라고만 판단하기는 힘들다. 새로운 비전과 전망, 더 큰 매출을 위한 자금이 필요할 때도 있기 때문이다. 문제는 업황을 비롯해 해당 종목 전반이 침체기인 상황에 주가도 낮은데 갑작스레 밝은 미래 전략이 나오기는 힘들다는 점이다.

빠른 매매를 해야 하는 트레이딩이 싫다면 분명 가치투자로 눈을 돌려야 한다. 그러나 공부를 제대로 하지 않은 채 '묻어두면 오르겠지'라는 생각은 장기투자자의 올바른 자세가 아닐뿐더러, 그 또한 '운'을 바라는 옳지 못한 투자의 예시밖에 되지 않는다.

PART 4

트레이더, 정보를 판단하고
가치를 평가하는 전략가의 삶

오래가는 전업 트레이더를 위한 철의 법칙들

트레이더로 살아남는 사람은 그리 많지 않다.
하지만 들어가는 문이 좁다고, 지레 포기할 필요는 없지 않은가.
주식공부를 하던 숱한 불면의 밤에서,
나 역시 정말로 내가 주식을 하는 것이 맞는지를 묻고 또 물었다.

중요한 점은 처음부터 '트레이더를 할 수 있는 자격'을 갖춘 사람은 없다는 점이다.
그것은 운명이 나에게 허락해주는 결정이 아닌,
내 노력으로 내가 성취하는 자격일 뿐이다.

가는 길은 험난해도 희망이 있다면 가야만 한다.
투자에서는 최소한의 기본만 지키고 나쁜 습관만 버려도
시간이 흐르면 일정한 수준에 오를 수 있다.
중요한 것은 그때까지의 반복과 견딤, 심리적 불안함을 견뎌 나가는 일일 뿐이다.

나는 앞으로도 평생 주식을 할 것이다.
그리고 지금보다 더 많은 돈을 벌 것이다.
그리고 이 책을 읽는 독자들도 그래야 한다.

우리가 주식시장에서 진정한 전략가로서의 살기 위해서는
끝까지 살아남을 수 있는 방법을 찾아야만 한다.

트레이더의 꿈에
다가가기 위한 조언

누군가 나에게 멘토가 있냐고 물었을 때 서슴없이 대답할 수 있는 사람 한 명이 있다. 이 책의 앞부분에서도 등장했던 '대구의 형'이다. 운이 좋아 자리를 함께 할 수 있었고, 한 달에 한두 번은 꼭 그를 만나러 갔다. 매번 짧은 만남이었지만, 엄청난 통찰력을 지닌 사람이란 것을 알게 됐고, 오랜 시간이 지난 지금도 나에게 대단한 영향을 미치고 있다. 그를 만나기 전에 나는 '주식투자를 좋아하는 청년'에 불과했지만, 그를 만나고서 환골탈태를 했다고 해도 과언이 아니다. 가장 기억에 남는 장면은 대구역 안에 있던 빵집에서였다.

방대한 지식,
정확한 방향성

커피 한 잔과 빵 몇 봉지를 사이에 두고 나는 그의 이야기를 들으면서 '아, 투자란 바로 이런 사람이 하는 거구나!'라고 생각하지 않을 수 없었다. 그는 우리가 먹고 있는 빵 한 봉지를 소비하는 과정에서 어떤 기업이 존재하는지, 그 기업이 어떻게 돈을 벌고 있는지를 줄줄 꿰고 있었고, 그 기업들의 미래는 어떻게 되는지를 마치 사법시험 공부한 사람처럼 막힘없이 쏟아냈다. 거기에 우리나라에 커피를 마시는 문화가 언제부터 생겼는지, 그리고 이러한 문화의 흐름이 우리의 미래 투자에 어떤 영향을 줄 것인지까지 일목요연하게 말해주었다. 방대한 시장을 바라보는 그의 관점과 정확한 방향성에 나는 감탄을 할 수밖에 없었다. 그와의 만남을 끝내고 다시 서울로 올라오는 기차 안에서 나는 늘 다짐하곤 했다.

"방대한 지식을 단기간에 쌓아 올리기는 어렵겠지만, 나도 저렇게 노력하면 저분처럼 좋은 시야를 가질 수 있게 되지 않을까?"

주식투자를 전업으로 삼는다는 것은 곧 우리가 살아가는 이 자본주의 사회를 깊고, 철저하게 이해한다는 것을 말한다. 그 넓은 스펙트럼의 지식을 꿰고 엮어서 자신만의 통찰과 관점으로 승화시켜야만 한다. 이것은 단순히 학교에서 배우는 공부를 넘어 하루

하루 대한민국의 경제가 어떻게 돌아가는지까지 꿰뚫는 일이기도 하다.

트레이더의 꿈을 이루고 싶다면, 우선 자신의 멘토를 설정하고, 그를 닮기 위해 방대한 양의 공부를 소화하는 것이 첫 번째로 해야 할 일이다. 그리고 여기에는 상상 이상의 노력이 필요하다. 단순히 돈도 많이 벌고, 즐기는 시간도 많이 가지고 싶다는 이유에서, 혹은 사회적으로 주식을 통해 인정받고자 하는 목적으로 투자를 한다면 차라리 인생의 방향을 다르게 잡는 것이 낫다고 본다. 인생을 즐기는 것이 나쁘다는 의미가 아니다. 성공과는 거리가 먼 사고방식이기 때문에 결국 이루지 못할 가능성이 크다. 나는 가끔 친구들에게 이런 이야기를 한다.

"워라벨이나 욜로를 좇으면서 성공을 이야기하는 것은 자기 분야에 몰입해서 시간을 쏟아붓는 누군가에 대한 모욕이다."

자신이 지금 얼마나 힘든 길을 걸어가려는 것인지를 반드시 깨닫고 시작해야만 한다.

세렝게티에 맨몸으로 나선다면……

초보자들에게 또 하나 반드시 해주고

싶은 말은, 주식에 대한 오랜 경험이 없는 상태에서 빨리 사고, 빨리 파는 단타의 방법은 최악의 투자법이라는 사실이다. 인터넷에 초보자를 위한 매매법과 정보들이 많지만, 그중에서 가장 모순적인 내용이 바로 '주식 초보들이 단타 잘 치는 법'과 같은 내용들이다. 좀 심하게 말해서 어처구니가 없을 정도이다. 이 말은 '회사 입사 3개월 된 신입이 10년 차 팀장처럼 일하는 법', '음식 장사 초보가 월 순수익 2000만 원 버는 법'과 같이 자극적이고 허황된 문구와 비슷하다. 정말로 회사 입사 3개월 만에 10년 차 팀장처럼 일할 수 있다면, 세상 모든 팀장들은 곧 그만두어야 한다. 이런 사람이 1년만 일하면 20년 차 팀장처럼 일할 수 있기 때문이다. 음식 장사 초보가 월 2000만 원을 벌 수 있다면, 다른 모든 음식점 사장님들은 바보라는 이야기다. 혹해 보일 수는 있어도 도저히 일어날 수 없는 주제를 가지고 블로그에 사람을 끌어모으고, 유튜브 영상으로 구독자 수를 늘린다. 그것만으로 끝나면 다행이겠지만, 그 말을 믿은 투자자들이 큰 피해를 본다는 점에서 심각한 일이다.

주식 초보자는 절대로 단타로 돈을 벌 수 없다. 설령 벌었다고 하더라도 그것은 순전히 운에 불과하며, 그 운으로 얻게 된 왜곡된 자신감은 필히 실패를 부르게 마련이다. 나에게 '어떤 방법으로 투자해야 하나요?'라고 물을 때 가장 우선 말하는 것이 "단타는 절대로 하지 마라"는 것이다. 그것은 가장 빠르게 깡통을 차는 일이며, 얼마 있지 않아 계좌의 금액은 0원으로 수렴될 것이 뻔하다. 제대로 된 거래조차 못해본 사람이 단타를 한다는 것은 거의 야생동물이 가득한 세렝게티에 맨몸으로 자신을 던지는 것과 다를 바가 없다.

나보다 훨씬 똑똑하고 통찰력 있는 투자자들에게 늘 경외심을 가지게 된다. 나는 하루에 고작 '수억 원'을 굴리는 수준이지만, 정말 큰 그릇을 가진 투자자들은 '수십억 원'을 굴리면서도 눈 하나 깜짝하지 않고 하루의 투자를 성공적으로 마친다. 그렇게 되기까지 셀 수 없는 성공과 실패, 고통이 뒤따랐을 것이다. 그러한 체득 없이 이제 막 주식투자를 시작한 사람이 '단타'로 수익을 낼 생각을 하거나, 혹은 그것을 유도하는 것은 자살행위나 마찬가지이다.

우선 '단타'와 '전업 트레이딩'의 개념을 명확히 해야 한다. 단타 란 '짧은 시간의 가격 변동에서 수익을 취하는 법'이다. 물론 훈련된 전업 트레이더가 매일 하는 투자행위는 모두 이 단타의 방법이 적용된 것이다. 하지만 전업 트레이더는 수많은 시나리오와 변수를 모두 감안한 상태에서 단타에 들어간다. 앞으로의 시세를 최대한 논리적으로 예측하고, 시장 참여자들의 심리까지 감안하고 시작하게 된다. 그리고 당연히 손절을 위한 기준도 가지고 있다.

한 번에 한 명의
롤 모델만

이렇게 훈련된 전업 트레이더가 하는 것이 아닌 일반적인 단타란, 그저 '스트레스 없이 빠른 시간 안에 돈을 벌고 싶다'라는 욕망에 의해서 발현된 왜곡된 투자법에 불과하다. 주가에 대한 예측도 없고, 다른 투자자들의 심리는 안중에도 없으며 손절을 위한 기준도 없다. 대충 어제의 뉴스로 '오를 만한 종목'을 선택하고, 몇몇 전문가들이 추천해준 종목을 맹신하며 투자할 따름이다.

단타가 가장 빠르게 깡통을 차는 이유는 바로 여기에서 시작된다. 긍정적인 뉴스가 나왔다고 해도 주가가 무조건 오르지도 않을 뿐더러, 만약 주가가 반대로 빠지기 시작하면 패닉의 상태에 접어들게 된다. 결국 손절에 대한 기준도 없으니 애초에 단타를 하려던 것이 '원치 않는 장타'가 되버리고, 결국에는 물려버리는 결과를 낳는다.

물론 훈련된 전업 트레이더도 하루의 투자에서 손실을 기록할 수는 있다. 그럴 수록 그들은 더 신중한 자세로 투자에 임하지만, 마음이 급해진 초보 단타 투자자는 서둘러 어제의 손실을 메꿔야 한다는 생각에 또다시 마구잡이로 매수를 하고, 마음만 간절해지는 상태가 된다.

그러나 주가는 투자자 개개인의 마음이 얼마나 간절한지는 상관하지 않는다. 이런 과정이 몇 번 반복되다 보면 결국 계좌는 0원이 되는 것이다. 따라서 '단타로 빨리빨리 돈을 벌고 싶다'는 동기로는 절대로 전업 트레이더의 고된 훈련의 과정을 견뎌낼 수가 없게 된다.

전업 트레이더가 되기 위한 또 하나의 조언은 '한 번에 한 명의 롤 모델만 따라가라'라는 점이다. 예를 들어 나를 롤 모델로 하기로 마음먹었다면, 일단 나를 따라오는 사이에는 다른 롤 모델의 방법이나 그들의 생각법, 심지어 본인 자신의 판단도 완전히 배제해야만 한다.

나는 시장에서 단기매매의 퍼포먼스를 대중들에게 보여주었고, 누군가는 나를 보면서 전업투자자의 꿈을 키워가고 있다는 것도 알고 있다. 그들이 얼마나 간절한지를 아는 만큼, 내가 가진 책임감이 막중하다. 그래서 단기매매를 진정으로 원하고 빠른 자산의 증식을 원한다면 제발 내 방식을 그대로 믿고 따라왔으면 한다. 그 과정에서 다른 사람들의 생각과 투자법은 소음일 뿐이다. 자신만의 생각이 다시 나의 매매 방식과 섞이고, 어디서 비롯된 것인지 모르는 습관이 들면 내가 알려주는 것과 전혀 다른 매매의 방식이 돼버린다.

시행착오를 줄이고 싶다면 그 무엇보다 이게 제일 중요하다.

내가 알려주는 많은 방법을 습득한 후에는 나를 넘어서야 하기 때문에 더 이상 나를 따라올 필요가 없다. 그러나 돈깡을 마스터하기 전까지는 다른 롤 모델의 이야기를 듣지 않는 것이 좋으며, 자신의 판단에 따라 다른 롤 모델의 방법을 습득하고 싶다면, 반대로 나의 이야기를 완전히 배제시키는 것이 좋다.

또, 자신의 애매한 정체성을 견뎌내야 한다는 점도 매우 중요하다. 사람에게는 누구나 정체성이 하나의 에너지가 되고, 특히 한국인들은 특정 집단에 소속되는 것을 매우 중요하게 생각한다. '나는 A 기업의 팀장이며, 믿을 만한 상사와 내가 책임져야 할 후배들이 있어.' 혹은 '나는 예술가로서 하루하루 창조적인 일을 하고 있어.'라는 자기 정체성과 집단 소속감이 완전히 사라진 생활에서 때로 자신감을 잃을 수가 있다.

한번 생각해보자. 어떤 사람이 아침에 일어나 오후 3시까지 마냥 컴퓨터 앞에 앉아있다. 그리고 그 이후에는 침대에 누워있거나 책을 보거나, 산책을 할 수도 있다. 저녁밥을 먹을 것이며 친구를 만나거나, 혹은 집에서 혼술을 할 수도 있다. 그리고 한 달 내내, 일 년 내내 똑같은 생활이 반복된다. 사람들은 이 모습을 어떻게 생각할까?

우리는 보통 이런 생활을 하는 사람을 '백수'라고 부른다. '젊은 놈이 알바도 하지 않는다'며 비난을 받을 것은 뻔한 일이다. 부모님과 떨어져 살면 모르겠지만, 부모님이 이런 모습을 보신다면, 그 마음이 어떨지 상상이 가지 않는가? 명절 때 친척들과 모여 "넌 요즘 뭐하니?"라고 물을 때 "하루 종일 주식투자 합니다!"라고 말하기는 불가능에 가깝다. 동창 모임은 아예 엄두도 나지 않고 잘 나가던 모임에도 참석하기가 힘들어진다. 이러한 상황들에 자꾸 부딪히게 되면 '내가 정말 잘하고 있는 걸까?'라는 의심이 들기 시작하고 자신감이 떨어질 수밖에 없다.

전업 트레이더는 성공에 가까워지면 '영광스러운 길'이지만, 노력을 게을리하거나 중간에 포기하면 '가시밭길'에 불과하다. 최종적으로 정보를 판단하고, 기업의 가치를 산정하는 수준 높은 전략가의 삶이라는 점을 염두에 두어야만 한다. 그리고 그렇게까지 성장하기는 결코 만만치 않는 수련이 과정이 기다리고 있다는 점도 반드시 기억해야 할 것이다.

전업 트레이더가
벌어야 하는 한 달 수익

전업 트레이더의 한 달 수익은 얼마 정도면 될까? '많으면 많을수록 좋다'고 말하겠지만, 그건 그저 희망 사항일 뿐, 최하의 수준은 정해놓아야 나름의 기준과 비전도 생긴다. 그동안 월급을 받는 직장인이었다면 대부분 이런 생각을 할 가능성이 크다.

"전업 트레이더로 한 달에 월급만큼만 벌어도 좋은 것 아닌가요? 출퇴근할 필요도 없고, 상사 눈치도 보지 않는데 월급 정도 버는 거면 훨씬 이익인 것 같아요."

한 달에 300만~400만 원 정도의 수익이면 충분하다고 믿는 사람들이 있다. 그러나 전업 트레이더는 소속에서 완전히 벗어난 상태이기 때문에 회사에서 받던 혜택을 누릴 수없다. 4대 보험도 없고, 이용할 수 있는 복지 시설이나 복지 비용도 없고, 커리어도 쌓이지 않는다. 법인 카드는 물론 퇴직금도 없다. 한 달에 300만~400만 원 월급 정도만 벌면 전업 트레이더는 적자가 난다.

이러한 부분까지 모두 고려하면 꾸준하게 한 달에 1000만 원은 수익을 올려야 한다. 전업 트레이더는 직장인보다 여유시간이 많기 때문에 소비가 늘어날 수 있다는 점도 떠올려야 한다. 조금만 기준을 높여 한 달에 2000만 원 정도를 번다면 '전업 트레이더'라는 자부심이 생기고, 다른 사람들에게 떳떳하게 밝힐 수 있는 수준이 된다.

나이, 성격, 체질……
전업 트레이더의 조건

아무리 열정이 넘치고 신념도 강해서 특정한 일을 하고 싶다고 해도, 그에 걸맞은 '조건'이 따라 주어야 할 때가 있다. 농구선수가 되려면 일단 키가 큰 것이 유리하고, 영업자가 되기 위해서는 사람 만나는 것을 즐기는 체질이어야 한다. 물론 '불굴의 정신'으로 그 악조건을 이겨나갈 수도 있지만, 사실 우리들 대부분은 그러한 불굴의 정신을 가진 주인공들이 아니다.

일단 조건이 맞는지부터 따져야 그 가능성에 대해서도 생각해 볼 수 있다. 전업 트레이더가 되고 싶다면, 객관적으로 봤을 때 자신이 알맞은 조건을 갖추고 있는지도 확인해 봐야만 한다.

잃을 것이 많은
나이라면

내가 주로 전업 트레이더를 권하는 연령대가 있다. 바로 20대이다. 내가 20살에 시작했기 때문에 그 나이에 주식을 한다는 것이 어떤 의미인지를 누구보다 잘 알고 있다. 당시의 나는 이렇게 생각했다.

"내가 뭐 잃어봐야 시간밖에 더 잃겠어?"

정말 그랬다. 아주 많은 예금이 있었던 것도 아니고, 지켜야 할 가정도 없었고, 병간호를 해야 할 부모님이 계신 것도 아니었다. 설사 1~2년의 시간을 주식으로 탕진한다고 해도 20대의 나이라면 회복의 가능성이 크다고 봤다. 실제로 대학도 재수, 삼수하는 사람들도 많지 않은가. 그렇게 해서 대학을 들어간다고 해도, 지난 재수와 삼수의 시절이 앞으로의 인생에 큰 영향을 미치지 않는다.

하지만 결혼한 30대, 책임질 것이 많은 40대 이후의 분들에게는 전업 트레이더를 권하기가 쉽지 않다. 잃을 것이 많다면 심리적으로 부담이 되고 그러다 보면 평정심을 유지하며 전업으로 투자를 하기가 어렵기 때문이다. 따라서 한동안 주식에 올인하고 싶은 마음이 있다면 20대가 가장 유리한 나이일 수 있다. 설사 전업 트레이더로 성공하지 못하더라도, 어느 정도 주식을 보는 눈이 트였으니 나이가 들어서 장기간의 가치투자를 할 수 있는 실력 정도는 충분히 쌓을 수 있을 것이다.

다음으로는 '주식투자와 육체노동을 병행할 수 있는 사람'이 되어야 한다고 본다. 주식시장에서 돈을 잃었을 때 그 돈을 만회하는 최선의 방법은 남는 시간에 육체노동을 통해서 다시 투자할 돈을 버는 것이다. 장이 끝난 이후에 그 어떤 알바를 해서든 한 달에 50만 원, 100만 원을 벌겠다고 각오하고 실제로 그것을 해낼 수 있는 사람이라면, 결코 섣부른 결단으로 투자를 하지 않을 것이기 때문이다. 총알을 든든하게 마련한 뒤에 사냥을 하는 것도 좋겠지만, 그때그때 총알을 수급하는 일을 병행하는 것도 좋다고 본다. 그래야 한발 한발 쏘는 총알의 소중함을 알 수 있기 때문이다. 이런 방법은 투자로 인한 손해에 조금 무뎌질 수 있도록 만들어 준다. 내 계좌의 돈이 계속해서 빠져나가기만 한다면, 손실에 예민해져서 조급하게 군다. 그러나 육체노동을 통해서 조금씩이나마 돈을 충당할 수 있는 상태가 된다면, 손실에 덜 민감해질 수 있다.

주식투자는 나처럼 처음 500만 원으로도 시작할 수 있다. 중요한 것은 액수가 아니다. 종잣돈 1000만 원을 마련한 후 그것이 다 떨어질 때까지 주식을 하는 것보다는, 이번 달에 번 100만 원으로 시작하고, 다시 다음 달에 100만 원을 더 넣어서 계좌를 운용하는 것이 훨씬 더 건강한 방법이다. 이러한 실천을 해야만 주변에 폐를 끼치지 않고 장기적 전업 트레이더로 갈 수 있는 매우 건전한

환경이 조성된다. 마음이 급하다고 부모님에게, 친구에게 돈을 빌려서 투자하는 것은 스스로를 최악의 환경에 방치하는 일이다. 빨리 돈을 벌어야 한다는 급한 마음으로는 오판의 여지가 너무나 커지기 때문이다. 그리고 주변 사람에게 폐를 끼치고 있다는 그 마음 자체가 자신감과 자존감을 떨어뜨리기 때문에 전업 트레이더로서의 동력을 상실하게 될 가능성도 크다.

성격이라는
또 하나의 조건

자신의 성격도 매우 중요한 조건의 하나이다. 나의 유튜브 계정에서 MBTI에 대한 내용을 다룬 적이 있다. 물론 '돈깡의 MBTI가 주식에 최적화된 성격이다'라고 말할 수는 없지만, 최소한 '돈깡의 MBTI는 주식투자에 적합한 성향 중의 하나이다'라고 볼 수는 있을 것이다.

MBTI를 통한 내 성격 유형은 '논리적인 사색가'였으며 '연구되지 않은 삶은 의미가 없다'는 문장으로 나를 설명할 수 있다. 내 삶의 가치관을 딱 잘라서 이처럼 잘 정리해주는 것도 없었다.

내 성격 유형의 특징을 살펴보면, 우선 감정에 크게 동요되지 않는다. 되돌아보면 이것은 주식투자에서 매우 중요한 덕목인데,

개장 전, 아직 켜지지 않은 모니터 앞에서

호전적이거나 투기적이지 않은 나름의 차분한 성격이 논리적인 사색에 다소 적합하다고 생각한다. 하지만 감정에 동요되지 않는다는 점이 일상생활에서는 곧 게으름이 된다. 바꿔말해 나는 '미루기 끝판왕'이기도 하다. 책 읽기를 정말 좋아해서 몇 년째 책 제목만 수십 권을 적어놓았지만, 단 몇 권밖에 읽지를 못했다.

대인 관계에 있어서는 자발적인 아웃사이더 기질이 강하다. 그것이 선천적인 것인지, 혹은 후천적인 것인지는 잘 모르겠지만, 집단에 어울려 휩쓸리는 모습을 무척 싫어한다. 한번은 현직 판사님이 쓰신 《개인주의자 선언》이라는 책을 읽었는데, 정말로 동감하는 부분이 많았다. 우리 사회의 '집단주의'에 대한 신랄한 비판이 주요 내용이었다. 주식도 결국 혼자서 해내야 하는 일이라는 점에서 고독을 즐길 수 있는 사람이 좀 더 적합할 수 있다.

어떤 문제가 생겼을 때에는 이야기의 전개 과정보다 사건의 해결방안에 더 관심을 많이 둔다. 이런 성향은 '논리적인 사색'이 적용된 결과라고 볼 수도 있을 것 같다. 내 성격에 대해 누군가는 너무 진지한 것 아니냐고 생각할 수도 있겠지만, 그 부분은 오해를 하지 말았으면 좋겠다. 논리적으로 분석하고 추론하는 것은 딱 주식에 한정되어 있을 뿐, 그 이외의 일상에까지 적용시키고 싶지는 않다.

사실 나 같은 성격은 단점도 많다. 지나치게 추상적이고 비현실적이라는 진단도 있고, 이론 중심이라 실행력이 떨어진다고도 한다. 낯도 많이 가리고 대인관계도 부족한 성향이다. 지금 하고 있는 유튜브도 처음에는 적응이 되지 않아 엄청나게 힘들었던 기억이 난다. 개인적인 성향을 이렇게 상세하게 펼쳐놓은 것은 주식을 하기 전에 자신의 성격이 주식투자에 적합한지를 한 번쯤은 생각해 보라는 의미에서이다.

많은 청년이 공무원을 하고 싶어 하지만, 또 아무리 돈을 많이 줘도 공무원만큼은 못하겠다는 사람도 있다. 타고난 성격이 자유분방해서 예술이 아니면 다른 직업은 상상도 하지 못하는 친구들도 있다. 어쩌면 아무리 돈을 많이 번다고 하더라도 하루 종일, 한 달 내내 모니터 주식창을 보는 것을 견디지 못하는 사람도 있을 것이다.

주식과 성격에 관한 나만의 결론을 내려본다면, '감정에 많이 동요되지 않고 사실관계에 집중하는 것, 그리고 합리적인 것을 좋아하는 성격'이라면 주식투자에 알맞은 유형이라 판단된다. 성격이 인생을 결정하지는 않겠지만, 때로 인생의 흐름에서 성격은 결과에 큰 영향을 미치곤 한다. 전업 트레이더를 꿈꾼다면, 자신의 성격을 되돌아보는 일도 필요하다.

한번 포기하면
돌아오기 힘든 길

　주식을 하다 보면 여러 가지 위기를 겪기도 하지만, 무엇보다 속절없는 하락장에서 가장 큰 공포를 느끼게 된다. 인간의 힘으로는 어쩔 수 없는 대자연의 흉포를 마주한 듯한 무력감과 보기 괴로울 정도로 주저앉은 계좌와 하염없이 세월이 지나서야 겨우 회복할 수 있을 것 같은 서늘한 감정은 주식투자 자체를 후회하게 만들기도 한다. 시장을 경험한 지 12년이 지난 나 역시 나름대로 정교하게 설계했던 포트폴리오가 무너져 내리는 것을 보면 가슴이 턱 막히는 듯한 데미지를 받는다. 주식을 시작한지 얼마 되지 않은 사람들이 느끼는 강도는 이보다 더 할 것이다.

중요한 것은 이때 어떤 판단을 하느냐는 점이다. 어설프게 시작한 것도 맞고 감당하지 못할 것 같으면, 차라리 그만두는 것이 훨씬 좋은 선택이다. 하지만 좀 더 단단한 마음으로 주식을 시작했다면 그 어떤 상황에서든 증시를 떠나지 않는 것이 최선의 선택이라고 본다. 지친 감정 따위는 뭉개버리고 앉아 쉬는 것이 낫다. 일단 증시를 떠나게 되면 다시 돌아올 타이밍을 잡기가 무척 어렵기 때문이다.

내가 포기하지
못한 이유

'다이슨 진공청소기'로 선풍적인 인기를 얻은 다이슨이 성공작을 내놓기까지 무려 5,127번의 시도가 있었다. 이 말은 곧, 5,126번은 실패했다는 의미이다. 우리는 '실패'라는 말을 부정적으로 생각하지만, 나는 그 실패를 '발전의 과정일 뿐'이라고 생각한다. 500만 원을 들고 시작해서 40억 원을 만들기까지, 사람들은 내가 꽃길만 걸었으리라 생각한다. 내 유튜브에 보여지는 '지금의 모습'만이 전부라고 착각하는 경우가 흔하기 때문이다.

하지만 나는 12년 전, 지금 막 주식을 시작하려는 당신의 현재와 똑같은 처지였다. 돈을 벌어보겠다는 마음은 있었지만, 어떻게 하는지도 잘 모른 채 돈을 잃고 있었고, 가족의 눈치를 보아야 했다. 하루를 투자에 대한 혼돈 속에서 보낸 후 새벽에 불을 끄고 잠자리에 들면 그때부터는 외로움이 파고들었다. '정말 주식을 하는 것이 맞는 것인지', '나는 잘할 수 있을 것인지'에 대한 고민이 계속되었지만, 거기에 답해줄 사람은 아무도 없었다.

다행스러운 일은 내가 그 시간을 견뎌냈다는 점이다. 사실 혼돈과 외로움에서 벗어나는 방법은 매우 간단했다. 주식을 접고 또래의 친구들처럼 사회생활을 하거나, 열심히 공부해 대학에 가면 되는 일이었다. 그러면 돈을 잃는 것에 대한 끝없는 고민을 할 필요가 없었고, 내가 걸어가는 길에 대해 혼란과 외로움도 느끼지 않았을 것이다.

그럼에도 내가 주식을 그만두기 힘들었던 것은 그만큼 가난에서 벗어나고 싶은 간절함도 있었겠지만, 그와 동시에 '내가 지금 포기하면 아마도 다시는 돌아오지 못할 것 같다'라는 느낌이 들었기 때문이다. 차라리 그보다는 지금 여기에서 이 고통을 감당하는 편이 훨씬 나을 듯싶었고, 한번 외면해버리면 다시는 처다볼 용기가 쉽게 나지 않을 것만 같았다.

포기하고 싶은 사람에게까지 굳이 "주식을 해야 하지 않겠어?"라고 말하고 싶지는 않다. 그러나 단 한 가지 기준을 제시하고 싶다. '지금 떠나 영원히 돌아오지 않아도 후회하지 않을 자신이 있는가'라는 마음의 선이다. 자신이 있다면 과감하게 떠나되, 다시 주식을 기웃거릴 것 같으면 차라리 버티는 것이 낫다. 그리고 그 버티는 과정 속에서 여러 가지 상품에 도전하며 자신만의 적성을 찾으라고 조언해주고 싶다.

나로 인해 주식을 시작하거나 전업 트레이더를 시작한 친구들도 있다. 거의 대부분이 주식시장을 떠났지만, 여전히 주식을 하고 있는 친구에게서 감명 깊게 들었던 이야기가 하나 있다.

"하나의 상품에 국한되지 말고 여러 가지 상품에 도전해 보는 것도 좋을 것 같아."

6개월 만에 잘 해내는
직업은 없다

앞의 저 말은 그냥 뻔한 이야기처럼 여겨지기도 한다. 기왕 시작한 주식이라면 여러 가지를 시도해보는 것이 당연한 것이기 때문이다. 다 같아 보이는 주식시장에서도 투자의 스펙트럼은 여러 가지로 나뉜다. 코스피도 있고, 코스닥도 있고, ETF 시장도 있다. 정말로 지난 12년간 코스피에서 안 되던 친구가 코스닥에서 느닷없이 높은 수익률을 올린 경우도 봤고, 둘다 안 되던 친구가 ETF에서 실력을 발휘하는 것도 보았다. 극단적으로는 이 모든 것에서 실패만 맛보던 친구가 매우 위험한 선물시장에서 승승장구하는 것도 보았다. 종목도 자신과 맞는 것이 있는 것 같다. 예를 들어 배터리주에서는 늘 수익률이 평균 이하이던 친구가 콘텐츠주에서는 잘 나가는 경우처럼 말이다.

이 말은 주식시장에서 몇 번 위험을 겪고 두려움을 느끼더라도 최소 2년 정도는 여러 가지 다양한 시도를 해보라는 의미이며, 그 다음에 증시를 떠날 것이냐 아니냐를 결정지어도 된다는 뜻이다. 세상의 그 어떤 직업이라도 6개월 만에, 혹은 1년 만에 잘하게 되는 일이 있을까 싶다. 지금 자신이 하고 있는 일을 처음 시작했을 때를 생각해보면 답이 나온다. 누구나 어설프고, 실수하고, 자신감을 잃을 때가 있었을 것이다.

최소 1년은 되어야 대강 무슨 일이 어떻게 돌아가는지를 알게 된다. 다른 모든 일들이 다 이러한데, 굳이 주식투자에서만 6개월 만에 '나는 안 되나 봐'라고 판단하는 것은 너무도 성급한 일이다. 진지하게 주식을 자신의 삶 안으로 들여놓았다면, 그것을 놓을 때도 좀 더 진지해야 한다고 생각한다.

실패했을 때의
마인드 컨트롤

    손실을 본 채 장이 끝나는 날이면 온갖 감정적 파도들이 한꺼번에 몰아닥친다. 장이 열려 있다면 전의라도 불태워보겠지만, 이미 셔터 내린 건물 앞에서 울분을 참지 못하고 두 주먹 꽉 쥐고 서 있어 봐야 아무런 의미가 없다.

    한때 주식을 그만두고 게스트하우스를 할까 생각해보기도 했다. 두 채 정도만 돌리면 월 500만 원 정도는 벌 수 있으니, 차라리 주식을 하면서 받게 되는 감정적인 소모에서는 벗어날 수 있지 않을까 싶었다. 한 달에 억 단위의 돈을 주식으로 벌면서 한 달 수입 500만 원에 만족하려고 했다. 그 감정의 괴로움이 어느 정도인지

느낄 수 있을 것이다. 하지만 지금은 실패에도 면역이 되어서 하루의 투자를 실패했을 때 컨트롤 할 수 있는 몇 가지 방법들을 정리하기에 이르렀다.

주식투자에서 '자신감'의 색다른 면모

세상의 모든 일이 그렇듯, 목표를 이루고 성공을 한 후에 드는 감정은 명쾌하다. 즐거움과 행복이 하나가 되어 있는 '청량함'이다. 그런데 실패를 하고 난 뒤의 감정은 복합적이다. 후회와 자책, 슬픔, 무너지는 자존감……. 아마도 한꺼번에 여러 감정을 상대해야 하기 때문에 더 힘든 것일 수도 있다.

일단 크든 작든 투자에서 패배를 맛보았다면 절대로 하지 말아야 할 다짐이 있다.

"내일 다시 크게 만회해야지!"

"반드시 해낼 거야!"

평소에는 이러한 열정이 목표를 성취하는 데 도움이 되겠지만, 주식투자는 그냥 토익 공부처럼 열심히만 한다고 해서 되는 일이 아니다. 따라서 일단 패배 이후에는 무엇인가 더 단단하게 마음먹는 것, 다시 해내겠다는 열정을 불사르는 일을 절대로 해서는 안 된다. 빠르게 달리려고 할수록 더 빨리 무너지는 것을 나는 수없이 경험했다. 인정할 건 인정하고 받아들여야 한다.

내가 실수했음을 인정하면 템포를 훨씬 더 느리게 잡아나갈 수가 있게 된다. 마음을 풀어헤쳐 좀 더 냉정하고 이성적으로 상황을 받아들여야 한다. 물론 이것이 말처럼 쉽지는 않겠지만, 자신의 감정을 바라보는 훈련을 계속해서 하다 보면 지금보다는 훨씬 더 익숙해질 것이다.

두 번째로 하지 말아야 할 것은 투자금을 증액하는 일이다. 내가 권하는 것은 오히려 투자금을 줄이는 것이다. 어제 100이라는 손실을 입었으니 오늘은 200을 투입하여 더 경쟁력 있는 투자를 할 수 있다고 생각하는 것은 완전한 착각이다. 원하는 토익점수가 나오지 않아서 더 비싼 인강을 듣는다고 해도 내 실력이 그에 맞춰 오르지는 않는다. 어제 100의 손실을 입었다면 오늘의 투자는 10이어야 한다. 적게 투자해야 그나마 과거의 손실에 주는 상처에서 조금 빨리 벗어날 수 있다. 어제는 100을 잃었지만, 오늘은 다 잃어도 고작해야 10밖에 되지 않는다. 잃는 것은 마찬가지여도 데미지를 줄였기에 감정과의 줄다리기를 만만하게 만들 수 있다.

세 번째는, 다소 식상한 말일 수도 있지만 '자신감을 잃지 말라'는 것이다. '자신감을 가질 만한 일이 있어야 자신감이 생기지 않나요?'라는 말을 하는 사람도 있지만, 주식투자에서는 그 성격상 자신감을 가진 만한 일이 없어도 자신감을 가질 필요가 있다. 왜냐하면 주식의 장이 매일매일 새롭게 열린다는 점 때문이다. 즉, 어제의 장은 영원히 역사 속으로 사라지고 오늘의 장이 새로 시작된다. 따라서 '어제의 투자에 실패한 나'도 영원히 사라지게 되고 오늘은 '투자에 성공할 가능성이 있는 나'로 부활하게 된다. 누가 더 불안에 빠지지 않고 겁에 질리지 않느냐가 트레이딩의 포인트이기도 하다. 오만하지 않은 자신감의 수준, 바로 그 중간 밸런스를 잘 유지하는 것이 매우 중요하다.

하지 않았으면 하는 매매법

마지막으로 '하지 않기를 바라는 매매법'에 관해 당부하고 싶다. 바로 '재난에 베팅하는 일'이다. 가장 대표적으로 사스나 코로나19 바이러스주에 투자하는 것이 해당한다. 관련주들은 회사의 매출을 올리고 투자자의 수익을 올려주기에 이런 주식에 투자하는 사람들을 충분히 이해한다. 이것은 매우 개인적인 문제이지만 우리가 주식을 하면서 자본주의에 좌우되지 않았으면 하는 바람에서 말하고 싶었다.

한 번쯤은 생각해봐야
할 투자법

　　　　　　실제로 2009년 신종플루가 유행했을 때 A사는 백신을 개발해 당시 계약업계 매출 5위에서 2위로 도약하는 기염을 토했다. 당연히 이러한 실적에 기반해 수익을 낸 투자자도 있을 것이다.

　이런 주식에 투자하지 않았으면 하는 것은 재난에 기반한 시세의 상승은 매우 단기적이기 때문이다. 예를 들어 마스크나 손세정제 관련 기업은 단기간의 실적은 좋아지지만, 반드시 경쟁사가 등장하므로 매출은 원래대로 돌아온다.

　장기투자주로서의 가치는 미약하고, 단기적으로 수익을 보려면 온통 정신을 쏟아야 하며, 바짝 수익을 당겨야 한다는 심리가 작동하면서 결국에는 물리는 수가 많다. 그러나 실질적인 이유는 다음과 같다. 예를 들어 주말 동안 코로나19 확진자가 대폭 늘어 패닉에 빠질 정도가 되었다고 하자. 월요일의 장에서 관련주들은 '점상한가'를 기록할 가능성이 높다. 시장이 열리자마자 가격 제한폭인 30퍼센트까지 주가가 폭등하는 것을 말한다.

　과연 이것을 보고 우리는 기뻐해야 할까, 슬퍼해야 할까. 내가 돈을 벌기 위해 더 많은 확진자와 사망자가 나오기를 기대라도 해하는 것일까? 지금의 추세가 더 이어질 수 있기를 마음속으로 바라야 하는 상황, 재난이 커질수록 내가 버는 돈도 많지만, 그것으로 피해를 보는 사람들도 늘어난다는 역설. 언급했듯이, 이런 주식에 투자하는 사람들을 이해는 하지만, 나는 앞으로도 절대 하지 않을 것이다. 독자 여러분이 투자를 할 때도 이런 상황에 대해 곰곰이 생각했으면 한다.

돈깡이 보는
미래 성장산업의 큰 축

기본적으로 나는 단기투자자 성향이 강하다 보니, 어떤 업종에 10년, 또는 20년 간 오래 투자를 지속하는 일이 때때로 어렵게 느껴진다. 그렇기 때문에 오히려 더욱 열심히 공부하려 노력한다. 짧은 시간 안에 수익을 보기 위해서는 더 면밀하게 시세의 굽이굽이를 파악하고 회사를 두루 알아내야 하기 때문이다.

책의 끝에 거의 다다랐다. 여기서는 미래에 성장할 수 있는 핵심 사업에 대해 함께 생각해봤으면 좋겠다. 현재 내가 관심을 가지고 심도 있게 공부하는 산업군은 다음과 같다.

개장 전, 아직 켜지지 않은 모니터 앞에서

거스를 수 없는 대세
메타버스

코로나19 바이러스가 전 세계를 휩쓸면서 대부분의 일상이 비대면으로 전환되었다. 이 시대를 강타한 대표적인 키워드는 '메타버스'가 아닐까 싶다. 메타버스는 어떻게 생각하는지에 따라서 접근법이 달라진다. 누군가는 게임 콘텐츠를 표현만 바꾸어 마케팅하는 것이 아니냐고 말하기도 한다. 어느 정도는 맞는 말이다.

게임은 가상의 공간을 창조하고 그 안에 새로운 생태계를 구축하며 새로운 화폐를 사용한다는 점에서 현실과 구별된다. 그러나 실제와 공통되는 부분도 분명 존재하는데, 게임상에서 유통되는 아이템과 아이템을 사용하기 위해 지불하는 금액에 현실 세계와 마찬가지로 인플레이션 논리가 적용된다.

실제로 RPG 게임이 실패하는 가장 큰 이유는 세계관을 만들어 놓고 매출 유지에만 급급해서 유저들이 겪는 인플레이션을 제어하거나 이용에 따른 불만을 개선하는 데 관심이 없다는 것이다. 사용자가 이탈하는 건 당연한 결과이다.

좋은 RPG 게임을 만들기도 어렵지만 좋은 RPG 게임을 잘 운영하는 것은 더 어려운 문제이다. 메타버스도 마찬가지이다. 메타버스라는 가상 세계를 현실에 가깝게 구현하는 것도 어려운 일인데, 그 안에서 경제를 순환시키는 일이 쉬울 수 있을까. 각국의 통화를 사용하는 실제와 달리 메타버스 안에서는 한 가지 화폐만 통용된다고 할 때 나타날 문제와 사용자 간의 갈등은 상상할 수 없을 정도이다.

이를 해결하기 위해서 많은 기업은 현실의 화폐와 메타버스 안에서 쓰이는 화폐를 연동시킬 것이다. 그렇게 되면 사용자들은 분리된 가상 공간에서도 현실 화폐를 사용할 수 있다. 메타버스에 많은 수의 사람들을 참여시키려면 실제 세계와 마찬가지로 노동에 따른 보상을 받을 수 있는 구조가 되어야 한다.

현재 미국의 빅테크 기업들이 VR, AR 기술에 천문학적인 액수를 투입하여 가상현실 안에 현실을 끌어다 놓기 위해 노력하고 있다.

꿈같은 이야기로 들릴 수 있지만, 하드웨어의 집약적인 발전이 이루어지고 가상과 현실의 차이가 모호해지면 사람들은 가상 공간에서도 활동하기 시작할 것이다. 동료들과 회의를 할 때나 누군가와 만남이 필요할 때 공간의 제약을 받지 않고도 의견 교환이 가능하다면, 어느 한 장소에 모이기 위해 개개인의 물리적인 힘과 노력을 들일 필요가 없다. 문제점 논의에 활용할 자료를 실시간으로 공유하고 필요한 데이터를 바로바로 확인할 수 있는 소프트웨어 환경이 구축된다면, 또 음성을 주고받는 방식이 현실과 차이가 없다면 가상세계에서 많은 영역의 일들을 처리할 수 있게 될 것이다.

이런 발상을 시작으로 우리는 많은 상상을 할 수 있다. '현실의 나'라는 존재가 활동하면서 느끼는 만족감이나 다른 기분의 형태까지도 하드웨어와 소프트웨어로 매끄럽게 세분화할 수 있다면, 현실과의 이질감이 적은 수준까지 구현할 수 있다면, 사람들은 굳이 현실에서 활동할 필요성을 느끼지 않을 것이다.

현실화시키려면 아직 많은 시간이 남았다. 이러한 발상으로부터 우리는 미래 시장을 예측하고, 투자를 통해 자산을 증식할 수 있다는 것을 말하고 싶다.

'콤파다', 선한 영향력이라는
또 다른 역할 찾기

가끔은 누군가로부터 가슴을 관통하는 한마디를 들을 때가 있다. 또 우연한 기회에 습관적으로 형성하고 있던 고정관념을 와르르 무너뜨리는 책을 만날 때도 있다. 내가 그랬다. 돈 버는 것에만 몰두하던 나는 한 때 누군가의 한마디에 의해 내 직업에 대한 회의감이 생길 정도로 깊은 고민을 하며 잠을 설쳤던 적이 있다.

유럽 여행에서 만난 한 권의 책은 내 인생의 새로운 목표의 방향성을 제시해주었다. 그리고 이제 나는 그것을 실천하려고 한다. 그것은 바로 나의 두 번째 창업, '콤파다'의 시작이다. '사물이나 일의 속내를 알려고 자세히 찾아보고 따지다'는 의미를 지닌 순우리

말 '곰파다'를 변형해서 만들었다. 주식투자를 함에 있어서 자세히 찾아보고 꼼꼼히 따져봐야 한다는 의미이다.

생태찌개 음식점에서의
신선한 충격

25살. 마치 돈 버는 기계처럼 살고 있을 때 여의도의 어느 트레이딩 팀에서 일을 한 적이 있다. 유능한 개발자와 수학자에 가까운 투자자들과 함께 투자 시스템에 대해 연구하고 주식 관련 일을 했었다. 트레이딩 자체는 내가 더 익숙했지만, 그들은 적지 않은 인생 경험을 통해 삶을 관통하는 통찰력을 가지고 있었다.

어느 날 저녁, 생태찌개 음식점에서 식사를 하고 있을 때였다. 문득, 팀장님이 이런 이야기를 꺼냈다.

"우리가 트레이딩이라는 것을 하면서 이 사회에 어떤 선한 영향력을 미칠 수 있을까?"

그 말을 듣는 순간, 나는 얼음이 되고 말았다. 그전까지만 해도 나의 세계관에 '사회', '선한 영향력' 같은 단어들은 없었기 때문이다. 그지 트레이딩 5년 차로 완전히 물이 오른 투자의 기법을 익히며 이미 10억 원이라는 적지 않은 수익을 실현한 사람이었을 뿐이었다. 주식에 관한 모든 것에는 스스로 '이만하면 박사급'이라고 생각하고 있었지만, 정작 나는 이 사회에서는 거의 유리된 사람이나 마찬가지였다. 그런 나에게 '사회', '선한 영향력'이라는 단어들은 머리로는 이해하지만, 가슴에는 없던 말이나 마찬가지였다.

그날 밤부터 길고 긴 고민이 시작됐다. 나의 직업인 전업 트레이더에 대한 회의가 들 정도였다. 정말 내가 트레이더로 살아가면서 이 사회에 어떤 선한 영향력을 미칠 수 있기는 한 건가? 어쩌면 이미 깊은 무의식 나의 속에서 '내가 트레이더로만 살아갈 수는 없지 않을까'하는 고민이 있었을 것이다. 총알도 목표물이 있어야 '적중'하듯이, 팀장님의 한마디는 내 삶에 대한 의구심에 적중하고 말았다.

그렇게 해서 시작한 것이 작은 음식점 프랜차이즈 창업이었다. 나를 따라서 투자를 시작한 친구가 있었는데, 잘 되지 않아 2~3년간 방황을 했다. 그 친구에게 "내가 창업을 할 테니 관리를 해달라"고 부탁했다. 그 이후로 4호점까지 생겼으니 내 친구의 삶에도 선한 영향력을 미칠 수 있었고, 청년들의 고용 창출에도 이바지했다는 생각이 들었다. 그 일로 그나마 내 직업에 대한 회의감도 약간은 줄일 수 있었다.

팀장님의 한마디가 내 직업에 대한 깊은 성찰을 이끌어 내고 창업까지 할 수 있게 했다면, 외국의 작은 마을에서 만난 한 권의 책은 삶의 새로운 목표에 대해 고민하게 해주었다. 오스트리아의 인스브르크라는 마을. 오래되고 낡아 보이는 서점이 있어 호기심 반, 혹은 한글로 된 책은 없을까 하는 기대 반으로 들어갔다. 한글로 된 책은 없었지만, 우연히 집어 든 영어로 된 책의 목차에서 의미심장한 문구를 발견했다.

'국민들의 심미적 수준이 도시경제에 미치는 영향.'

생태찌개 음식점에서 받았던 그 신선한 충격의 '해외 버전'이라고 할까? 주식밖에 모르던 나에게 '국민들의 심미적 수준'이라니. 거기에 '도시경제'라니.

보수적 금융권의
탈권위를 위해

내가 해외여행을 많이 하던 때에는 당시의 유럽 예술에 대한 관심도와 그들의 라이프스타일에 대한 궁금증이 점점 많아지고 있었을 때였다. 오전 10시에 일을 시작하고 5시에 끝내면서 그들은 어떻게 행복하게 살 수 있을까? 마을 전체가 하나의 예술작품처럼 보이는 곳에 사는 사람들은 어떤 감성을 느끼면서 살아갈까?

'국민들의 심미적 수준이 도시경제에 미치는 영향'은 그렇게 나에게 새로운 영감을 주었다. 수출에만 의존하는 우리나라 경제 구조는 많은 사람들을 노동의 장으로 끌어내야만 한다. 수출은 대체로 제조업이 중심이 되기에 만들고, 다듬고, 포장하고, 트럭에 싣지 않으면 안 되기 때문이다. 그러려면 시간이 부족하고 '10시 출근 5시 퇴근'의 라이프스타일은 불가능에 가깝다.

그런데 만약 서울, 부산, 인천의 도시 경제력이 관광을 중심으로 발전한다면 뭔가 새로운 변화를 만들 수 있을 것 같았다. 또한 국민들의 '심미적 수준'이 올라가면, 그것이 자연스럽게 관광산업의 발전으로도 이어질 것이라는 생각이 들었다. 물론 내가 당장은 우리나라의 관광산업과 도시경제를 위해 할 일은 없지만, 그 대신 우리나라의 주식산업과 투자자들의 경제를 위해서는 분명 할 일이 있었다. 그것은 바로 증권회사의 리서치 리포트가 만들어 내는 정보의 불평등과 불균형에 관한 일이었다.

아마도 법원의 판결문을 읽어본 사람이라면 이해할 수 있을 것이다. 가끔씩 언론에 등장하는 판결문 내용은 일반인들이 도저히 이해할 수 없는 문장으로 쓰여 있는 경우가 많다. 증권회사의 리서치 리포트 역시 비슷하다. 나는 늘 초보 투자자들에게 "투자 관련 리서치 보고서를 반드시 읽어야 합니다."라고 말을 하곤 하지만, 주식이 직업도 아니고 경제 공부가 깊지 않은 사람들에게는 매우 어렵게 느껴지고 재미없을 수밖에 없다.

그런데 그것은 이해하지 못하는 사람들의 탓이 아니다. 증권회사들은 돈으로 투자를 하고, 고객의 돈으로 상품을 만들고, 거기에 고객의 거래에 따른 수수료까지 받는다. 이렇게 해서 만들어 내는 리포트라면 당연히 고객들이 이해하기 쉬워야 하는 게 아닐까? 나는 그 부분에 대해 늘 불만을 가지고 있었다. 이것이 되지 않으니 어려움을 느낀 투자자들은 그저 '대박'을 노릴 수밖에 없다.

'알고 컴퍼니'는 이렇게 출발하게 됐다. 나는 보수적인 금융권의 권위를 벗기고 투자자들이 자유롭게 정보에 접근하고 이해할 수 있기를 목표로 한다. 그래서 모든 투자자들이 제대로 좀 '알고' 투자했으면 하는 바람이 있다. 최소 증권사 리포트만이라도 읽기 쉽게 만들어 놓는다면 나는 그것이 우리나라 주식산업에 큰 변화의 기점이 되리라 확신한다. 누구든, 주식 앱을 내려받는 사람이라면 이 '알고' 앱도 필수적으로 내려받아야 하는 문화를 만들고 싶다. 그래서 누구든 노력 여하에 따라 고수로 등극할 수 있고, 자유롭게 객관적인 정보에 대해 토론하고 자신의 투자 방향을 잡아 나갈 수 있었으면 좋겠다.

진짜 가치를
만드는 회사

물론 알고 앱을 만들 수는 있어도 마케팅을 할 비용은 없을 수도 있다. 누군가 투자를 한다면 다행이겠지만, 그렇지 않다면 그저 입소문을 기대하는 것 말고는 없다고 본다. 하지만 어떤 분야이든 마케팅의 본질은 '가치'라고 생각한다. 마케팅을 잘해서 순식간에 잘 나가는 회사가 될 수는 있겠지만, 시간이 흐르면 알맹이 없이 마케팅에 의해 탄생한 가치는 재평가 받게 마련이다. 실제로 나는 바이오와 제약 업종에서 이런 일을 많이 경험하곤 했다. 지난 12년간 수많은 기업들에 대해 수천 번, 수만 번의 가치평가를 하는 과정에서 유독 바이오와 제약 업종이 알맹이 없는 마케팅으로 주가를 올리는 대표적인 종목이라는 생각이 들었다. 물론 모든 회사가 다 그렇지는 않을 것이다. 하지만 때때로 일부에서는 거짓 기대감으로 주가를 부양해 투자받고, 정작 그 돈으로 회사의 '진짜 가치'를 올리지 않는 것을 보았다.

알고 컴퍼니는 마케팅에 돈을 쏟아붓지는 못해도 실력으로 가치를 증명하고, 내용으로 주식의 본질을 꿰뚫게 하는 서비스를 통해 알찬 운영을 해나가려고 한다. 지난 세월의 반복된 트레이딩으로 내가 철저하게 신념화한 것이 있다면, 바로 '지름길은 없다'는 점이다. 많은 이들이 '꼼수와 묘수'를 찾아 나서도, 그 모든 시도들은 실패하고 말았다. 정직하게 승부하고, 한 걸음 한 걸음 내디뎌야 성공할 수 있다는 것이 삶의 진리이기 때문이다.

'알고 컴퍼니'도 돈을 벌어야 하는 회사임에는 맞지만, 내 지난 12년의 주식투자 노하우가 함께하는 정말로 가치 있는 서비스를 하는, 그래서 이용자에게 사랑받는 회사가 될 것이라 믿는다.

우리 함께,
다시 출발선에서

사실 처음 이 책의 출간을 제안 받았을 때는 마땅히 해야 할 일이라는 생각이 들지 않았습니다. 주식투자는 지극히 개인적인 돈벌이일 수 있는 데다가, 투자로 수익을 많이 얻었다고 해서 그것을 딱히 '성공'이라고 부를 수는 없었기 때문입니다. 게다가 감히 넘보지도 못하는 은둔의 고수들이 한둘이 아닌 상황에서 뭔가를 아는 척하는 것도 꽤 부담스러운 일이었습니다. 또, 대단치도 않은 가난했던 어린 시절의 고백을 삼류 스토리로 느끼는 독자들도 있을 것이라 그것이 부담스럽기도 했습니다.

그럼에도 불구하고 이 책을 쓰게 된 것은 많은 초보 투자자들이 여전히 잘못된 방법으로 주식을 대하고 있다는 점 때문이었습니다. 과거에 비해 많은 사람들이 주식에 참여하고 있지만, 상대적으로 너무 부족한 정보 속에서 제대로 된 투자방법도 공부하지 않은 채 뛰어드는 모습이 안타까웠습니다. 또 주식을 위해 대출까지 받았지만, 순간적인 감정과 소문에만 휘둘려 그 돈을 날리는 모습도 안쓰러웠습니다. 차라리 내 옆에 있는 누군가가 그랬다면, 조곤조곤 말해줄 기회라도 있겠지만, 익명의 많은 청년이 그런 상황에 빠졌으니 책이라는 매체가 아니면 그들에게 조언할 기회가 없다고 여겼습니다. 앞에서도 언급했지만, 전업 트레이더로서 조금이나마 사회에 기여할 수 있는 부분이 있다면, 꼭 참여하고 싶다는 평소의 바람을 실행에 옮긴 것이기도 합니다.

당장 수많은 투자자들의 삶을 바꿀 수는 없어도, 단 한 명이라도 제대로 된 마인드를 갖추고 투자를 하는 사람이 생긴다면, 그 또한 제가 이 사회에 미칠 수 있는 '선한 영향력'이라는 생각이 들었습니다. 한참 부족하지만 지난 12년 동안의 제 생각의 결과물이 조금이라도 투자자들에게 도움이 되었으면 합니다.

사실 이 책은 '누군가에게 도움을 주고, 그들과 함께하고 싶다'는 마음의 표현이기도 합니다. 이제까지의 제 인생은 흔히 하는 말로 '독고다이'였습니다. 혼자 공부하고, 혼자 투자하고, 혼자 슬프거나 즐거웠습니다. 그러나 유튜브로 사람들과 소통하기 시작하면서 함께하는 즐거움을 느꼈습니다. 이 책은 유튜브에 이은, 사람들과의 두 번째 만남입니다. 채널에서 말하지 못했던 것들, 보여지지 않은 모습이 담겨 있어 조금 더 독자들과 친근해진 기분이 듭니다. 책의 앞부분에는 개인적인 사연들이 있지만 힘들게 이 시대를 이겨나가는 제 또래의 모습과 크게 다르지 않습니다. 가난하고 힘들었던 생활의 고백도 어쩌면 그들에게 도움이 될 수 있으리라 여겼습니다.

저는 트레이더로 살지만, 트레이더로만 살고 싶지는 않습니다. 40대, 50대의 아저씨가 되었을 때, 지금껏 살아냈던 세월을 자랑스럽게 말하고 싶습니다.

"내가 청춘일 때는 말이야, 헤아릴 수 없이 많은 사람과 소통하면서 그들에게 도움이 될 만한 이야기를 해주려고 최선을 다했어. 나, 그렇게 이기적으로 살지는 않았지?"

저는 가난에서 벗어나기 위해 투자를 했지만, 돈에만 파묻히고 싶지는 않았습니다. 많은 투자자들도 '돈'을 목적으로 투자를 시작하겠지만 어느 순간에는 자신이 아닌 다른 사람들도 돌아볼 수 있는 사람이 되었으면 좋겠습니다.

이 책을 통해 보다 많은 독자들이 지식을 갈고닦고 정보로 무장하며, 감정을 조절하는 훌륭한 투자자로 발전하기를 빕니다.

30대의 제 인생도 새로운 출발선에 서 있습니다. 제가 걸어왔던 길을 이제 많은 투자자들과 나눌 것이며, 저와 그들이 또 다른 삶의 단계로 진입하기를 원합니다.

우리가 다시 이 출발선에 선 것을 함께 축하하고 싶습니다.

개장 전, 아직 켜지지 않은 모니터 앞에서

돈깡의 주식 매매일지

내가 투자에 성공할 수 있었던 비결을 궁금해하는 사람들이 많다. 앞에서도 수없이 언급했듯이 나는 해답을 '녹화된 매매일지'에서 찾았다. 그 어떤 노력도 없이 주식시장에서 클릭 몇 번으로 엄청난 부를 축적할 수 있다고 믿는다면, 이는 잘못된 생각이다. 극한으로 몰린 상황에서도 올바른 판단력을 잃지 않으려면 매매일지라는 오답노트를 통해서 실수를 줄여나가는 작업이 반드시 필요하다.

내가 가장 추천하는 것은 하루 동안의 거래를 전부 녹화하여 돌려보는 것이다. 그것이 어렵다면 '매매구분', '매수일자', '체결단가', '체결수량', '매매비용', '매매이유' 등을 반드시 기록하여 돌아보는 과정을 거치는 것이 좋다. 매매일지를 작성할 때는 다음 세 가지의 내용을 반드시 포함하여 작성한다.

첫 번째는 주식을 매수한 이유이다. 왜 이 주식을 사기로 결정했고, 무엇을 기대하고 샀는지 아이디어 발상 과정을 설명할 수 있어야 한다. 곧바로 매수 버튼을 누르기 전에 언제 살지, 얼마에 살지, 얼마 이상에는 매수하지 않을지, 예상한 흐름과 다른 흐름을 보일 때는 어떻게 할 것인지에 대한 계획을 포함하는 것이 좋다.

두 번째, 어떤 주식을 얼마에 사고팔았는지를 기록한다. 거래한 주식들을 정리하여 얼마에 사고팔았는지 적고, 매수 전에 짰던 계획과 일치했는지, 계획과 다른 주식들이 등장했다면 왜 그 가격에 사고팔았는지를 작성한다.

세 번째, 잘못한 점을 연구한다. 애초 계획했던 거래와 일치하지 않은 점을 찾고, 상황이 어긋난 이유에 대해서 생각해본다. 나의 실수인지, 예상한 흐름과 다른 전개 때문인지, 흐름이 달랐다면 왜 그러한 흐름이 나왔는지 고찰한다. 손실을 본 거래에 대해서도 마찬가지이다. 손실이 났던 거래라도 미리 세워둔 규칙을 어기지 않았다면 좋은 거래라고 평가해야 한다. 그러나 원칙에 없는 거래였는데 순간적인 판단으로 매수해서 수익을 냈다면, 그 거래에 가치를 부여해서는 안 된다. 원칙과 규율에서 벗어난 거래는 대단한 수익을 올렸을지라도 가치가 없다. 일관성을 유지할 수 없기 때문이다.

매매일지를 작성하는 이유는 마치 가계부처럼 숫자를 적어 자산의 입출금을 기록하기 위함이 아니다. 거래에서 잘한 점과 잘못된 점을 인지하고 더 나은 방향으로 개선하기 위함이다. '매매일지를 쓰는 행위 자체'에 가치를 부여한다면 작성의 의미를 찾을 수 없다. 매매일지를 통해 이렇게 반복적으로 훈련하면서 잘못한 점은 지우고, 잘한 부분은 강화해야 한다. 이 과정에서 손실과 수익은 중요하지 않다. 스스로 정한 규칙 안에서 훈련을 통해 감정을 배제하고 빠르고 정확한 판단으로 거래를 하기 위한 과정임을 잊지 말아야 한다.

매매일지

매수일자   .   .   .

종목명			
체결단가		체결수량	
매매비용		매매구분	

매매이유	

매매계획	
잘한 점	
잘못한 점	

NOTE

엘리어트 파동이론

R. N. 엘리어트 지음 | 이형도 펴냄 | 로빈창 옮김 | 309쪽 | 14,500원

금융시장의 핵심 이론 중 하나인 '엘리어트 파동이론'의 원전을 만난다. 엘리어트는 66세가 넘어 처음 주식시장에 발을 들였고 사망하기 전까지 10년간의 활동으로 전 세계 금융시장에 일대 충격파를 던졌다. '파동이론' 은 지금도 금융시장의 분석도구로 유용하게 사용되고 있다.

월스트리트 최고 투자 전략가의 매매기법 5단계

윌리엄 오닐의 성공 투자 법칙

윌리엄 오닐 지음 | 김태훈 옮김 | 17,000원

이책은 지금까지 당신이 저질렀고, 타당한 규칙을 토대로 투자 결정을 내리지 않으면 앞으로 또 다시 저지르게 될 실수들을 미리 파악하도록 도울 것이다. 초보 투자자라면 성공 투자자가 되기 위해 해야 할 일뿐만 아니라 하지 말아야 할 일이 무엇인지도 알아야 한다.

주식시장에서 살아남는

심리투자 법칙

알렉산더 엘더 지음 | 신가을 옮김 | 588쪽 | 27,000원

정신과 의사라는 독특한 이력을 가진 저자가 투자자들의 심리를 꿰뚫어 봄으로써 이를 시장에 적용시켜본 후 개발하게 된 '심리투자'. 새로운 해법을 제시함으로써 이 책의 저자 알렉산더 엘더 박사는 세계적 베스트셀러 작가 반열에 올랐다.

실전 수익률 투자대회 총 12회 수상자의

실전투자의 비밀

김형준 지음 | 344쪽 | 22,000원

장세에 흔들리지 않으며 지속적으로 수익을 낼 수 있는 저자만의 독창적인 관점과 실전 수익률대회 우승에 실제 사용했던 13가지 매매 기법을 자세히 소개했다. 시장 경험이 있는 투자자들 역시 그동안 열망해 왔던 투자의 해법을 찾게 될 것이다.

누구나 쉽게 할 수 있다! 간단하지만 강력한 자동매매
현명한 퀀트 주식투자

닥터퀀트, systrader79, 뉴지스탁 알고리즘 리서치팀 지음 | 384쪽 | 22,000원

'이대로 따라 하면 성공할 수 있을까?' 수많은 투자서를 읽을 때마다 들었을 궁금증에 대한 해답이 여기 있다. 자동매매 툴 사용법부터 실전 퀀트 전략까지, 가장 완전한 투자의 기술을 알아보자. 기술적 분석 지표는 물론 대가들의 투자 원칙까지 검증하고 수정을 더하여 구체적인 전략을 제시했다.

시작부터 술술 풀리고 바로 써먹는
미국주식 처음공부

수미숨(상의민), 애나정 지음 | 412쪽 | 18,500원

주린이도 척척! 미국주식 처음공부로 미국주식투자 쉽게 시작하자! 왕초보 미국주식 투자자를 위한 기초 개념과 실전 투자법, 든든한 길라잡이의 미국주식투자 비결을 한 권에 담았다. 친절한 설명, 다양한 그림으로 미국주식투자 이제 쉽게 해결할 수 있다.

기초부터 탄탄하게 바로 써먹는
가치투자 처음공부

이성수 지음 | 452쪽 | 19,500원

시장에서 오래 이기려면 가치투자 하라! 어떤 타이밍에서도 통하는 가치투자 전략의 모든 것이 궁금하다면? 기업 가치를 파악하고 좋은 가격에 투자하는 방법의 모든 것을 배워본다. 수많은 실전 사례와 차트, 재무제표, 사업보고서 예시로 한눈에 쏙쏙 들어오는 가치투자 방법을 만난다.

첫걸음부터 꼼꼼히 배워 바로 씨먹는
주식투자 처음공부

성상민 지음 | 388쪽 | 18,500원

주식계좌 개설부터 실전 투자까지 한 권으로 끝장 보는 투식투자의 기초. 정보가 빠르지 않아도! 시드머니가 적어도! 기초가 탄탄하면 시장에서 살아남을 수 있다! 주식투자는 위험하지 않다. 그럼에도 실패하는 이유는 잘못된 투자 방식 때문이다. 주식투자 제대로 하는 방법을 알아보자.

개장 전, 아직 켜지지 않은 모니터 앞에서

초판 1쇄 발행 2021년 12월 10일
초판 7쇄 발행 2024년 5월 10일

지은이 강민우(돈깡)

펴낸곳 (주)이레미디어
전화 031-908-8516(편집부), 031-919-8511(주문 및 관리) | **팩스** 0303-0515-8907
주소 경기도 파주시 문예로 21, 2층
홈페이지 www.iremedia.co.kr | **이메일** mango@mangou.co.kr
등록 제396-2004-35호

기획 이진아콘텐츠컬렉션
편집 심미정, 정슬기 | **디자인** 유어텍스트 | **마케팅** 김하경
재무총괄 이종미 | **경영지원** 김지선

ISBN 979-11-91328-39-4 (03320)

· 가격은 뒤표지에 있습니다.
· 잘못된 책은 구입하신 서점에서 교환해 드립니다.

당신의 소중한 원고를 기다립니다. mango@mangou.co.kr